倾听与表达

主　编　王　强　陈嫒萍
副主编　罗永妃　余　涛　张　雯
参　编　刘志勇　刘吉第　罗　嫒　刘思思
　　　　何佑华　奚江蕾　赖水秀

北京理工大学出版社
BEIJING INSTITUTE OF TECHNOLOGY PRESS

内容简介

口才是指人们口语表达的能力与技巧，是现代社会人们最富核心竞争力和人格魅力的表现形式之一。快速学习并提高口才是很多人的梦想。本书以帮助学生提高口才为目的，体例新颖，结构严谨，层次清晰，提供大量的案例可供学生学习，又通过针对性的任务训练为学生提供了实训模拟和实战演练的空间，真正实现了理论与实践的有机结合。

本书可作为中高职各类专业的学生口语相关课程教材，也可供爱好口才艺术的读者参考。

版权专有　侵权必究

图书在版编目（CIP）数据

倾听与表达/王强，陈媛萍主编. —北京：北京理工大学出版社，2016.8（2022.8重印）

ISBN 978-7-5682-3013-1

Ⅰ. ①倾… Ⅱ. ①王…②陈… Ⅲ. ①语言艺术—通俗读物 Ⅳ. ①H019-49

中国版本图书馆 CIP 数据核字（2016）第 206189 号

出版发行 /	北京理工大学出版社有限责任公司
社　　址 /	北京市海淀区中关村南大街 5 号
邮　　编 /	100081
电　　话 /	（010）68914775（总编室）
	（010）82562903（教材售后服务热线）
	（010）68944723（其他图书服务热线）
网　　址 /	http://www.bitpress.com.cn
经　　销 /	全国各地新华书店
印　　刷 /	北京虎彩文化传播有限公司
开　　本 /	787 毫米 × 1092 毫米　1/16
印　　张 /	8.75
字　　数 /	205 千字
版　　次 /	2016 年 8 月第 1 版　2022 年 8 月第 9 次印刷
定　　价 /	25.00 元

责任编辑 / 江　立
文案编辑 / 邢　琛
责任校对 / 周瑞红
责任印制 / 施胜娟

图书出现印装质量问题，请拨打售后服务热线，本社负责调换

前　言

口语交际能力是现代公民的必备能力之一，更是直接在生产、建设、管理和服务第一线工作的高等应用型人才必备的能力之一。"倾听与表达"是一门在理论指导下培养学生在工作中口语运用能力的实践性很强的课程，旨在对学生进行倾听与口语表达的技能训练。主要任务是使学生掌握相关口语项目的语言技巧，具备专业所需的口语表达能力，具备一定的语言应变能力。

全书共分 14 章。先介绍倾听与口语运用的前提和理论依据，着眼于提高学生的理论素养；然后介绍口语表达的各项具体运用，有针对性地培养学生在人际交往的不同场合运用口才的技巧，使之具有适应现代社会发展所需要的各种言语能力。本书体例新颖，每章均设有"学习目标"、"案例导入"、"基础知识"、"实训任务"、"拓展阅读"五个模块，"基础知识"模块的阐述系统、精要，突出实用；"实训任务"模块安排了大量的案例和实训材料，训练任务由易到难、由简到繁，循序渐进，实践性、操作性强。

本书由江西环境工程职业学院大学语文教研室组织编写，由王强、陈媛萍任主编，由罗永妃、余涛、张雯任副主编。具体分工如下：第一～三章由王强编写，第四～六章由张雯编写，第七～九章由罗永妃编写，第十～十二章由余涛编写，第十三、十四章和附录由陈媛萍编写。最后由陈媛萍统稿，王强审定。

编者在编写本书的过程中，借鉴、援引了国内教材、网站中的一些有益资料，恕不能及时一一征求编著者意见，在此表示谢忱和歉意。

鉴于编者水平有限，时间仓促，书中难免存在不足之处，恳请广大读者提出宝贵意见。

编　者

2016 年 7 月

目 录

第一章　学会倾听	1
第二章　有话敢说	9
第三章　有话可说	17
第四章　口语表达的语音、语调	25
第五章　口语表达的修辞	32
第六章　口语表达的态势语言	40
第七章　朗诵	48
第八章　复述	58
第九章　介绍与解说	69
第十章　演讲	78
第十一章　辩论	87
第十二章　沟通	95
第十三章　接待与拜访	104
第十四章　求职	115
附录　朗诵篇目	123
参考文献	134

第一章 学会倾听

学习目标

通过本章的学习，学生应能够领会倾听在交谈中的重要作用；掌握倾听的方法和技巧；对所听到的话语进行准确的分析、理解和判断，并选择正确的应对方式；按照训练要点逐步养成良好的倾听习惯、提高沟通效果。

案例导入

传说古代曾经有个小国的使者到某国来，进贡了三个一模一样的小金人，个个光彩夺目，这让皇帝非常高兴。可是这小国的人不厚道，同时出一道题目说："这三个小金人哪个最有价值？"

大臣们左看右看，看了很长时间，也没能看出个所以然来。于是，皇帝和大臣们又想出许多办法，他们请珠宝工匠来检查，不管是称重量还是看做工，三个小金人都是一模一样的。

怎么办？使者还等着回去汇报呢。泱泱大国，不会连这个小事都不懂吧？最后，有一位退位的老大臣说他有办法。皇帝将使者请到大殿，老臣胸有成竹地拿来了三根稻草，插入第一个金人的耳朵里，这稻草从金人另一边耳朵出来了；插入第二个金人的耳朵，稻草从金人嘴巴里掉了出来；而把稻草插入第三个金人的耳朵，稻草进去后掉进了肚子，什么响动也没有。

老臣对皇帝说："第三个金人最有价值！"皇帝赞许地点了点头，使者也默默无语，答案正确。

让我们仔细地来分析一下：

第一个小金人，把稻草插入他的耳朵里，稻草就立刻从另一边耳朵出来了，说明忽视信息，让信息左耳进、右耳出的人，根本不去关注别人的话。这样的人，在组织中常常表现出心不在焉的样子，沉迷于自己的世界，不关注外界的事情。

第二个小金人，把稻草插入他的耳朵里，稻草从他的嘴巴里掉出来，说明第二个小金人是那种对信息不加判断的人，长了个"大嘴巴"，对听来的事情不加判断就进行传播，不知道什么事该传播，什么事不该传播。任何组织中都可能有这样的人员，而且还可能更加麻烦，他们会在信息的传播过程中添油加醋，四处散布。

第三个小金人，稻草从耳朵进去后掉进了肚子，什么响动也没有。他是那种"善于倾听，分辨是非，消化在心"的人，也是最有价值的人。

可见，最有价值的人，不一定是最能说的人。我们在沟通中要向第三个小金人学习，能沉住气，重视倾听，三思而后说。

基础知识

一、倾听的内涵

倾听是一种以吸收口头语言，理解语义内容为中心的复杂的心理和生理活动过程。调查研究表明，在人类的各种交际活动中，一般人花在听、说、读、写上的时间所占比例分别为40%、35%、16%、9%。可见，在日常生活中，我们利用听的活动来获取信息的机会比其他活动都要多。随着人类交际活动的日益频繁以及现代科学技术的迅速发展，倾听已成为一种极其广泛和重要的言语活动，它既是人们重要的交际手段，也是一种基本的学习能力，是人的综合素质在口语交际中的体现。倾听能力训练主要在于培养人们对于外部信息传导的瞬间接受、储存能力以及辨析、理解能力。

倾听不是简单地用耳朵去听，它也是一门艺术。倾听不仅仅是要用耳朵来听说话者的言辞，还需要听话者全身心地去感受对方在谈话过程中表达的言语信息和非言语信息。

二、倾听在口语交际中的意义

1. 听和说共同构成口语交际的两个因素

听和说是人类运用语言进行社会交际的最基本能力，也是最主要的交际渠道，二者紧密相联。听、说的过程包含着复杂的心智过程。在人们的交际过程中，听话人的听觉器官接收到了说话人输出的声音信号，立即通过听觉传导神经把这些声音信号传到大脑的言语听区，言语听区便积极进行思维，把这些声音信号变成语言句子，从而理解其意义。在口语交际中，听是说的基础，它与说具有同等重要的作用。

2. 倾听是获取信息的重要渠道

人们获取知识的渠道很多，倾听则是日常获取信息、增长知识的重要途径与方式。人们常说"耳聪目明"，"耳聪"就是指听觉发达。听觉发达，获取知识就便利而且迅速。古人说："听君一席话，胜读十年书。"在现今社会，信息就是竞争力，许多企业或个人都把信息的收集放在工作首位。同样一段话，会听的人就能获得有价值的信息，将这些信息变成生财之源。

3. 倾听是调适人际关系的有效方式

美国现代心理学家马斯洛认为，获得"尊重"是人们的一种基本的心理需要，而在口语交际中认真虚心地倾听对方的讲话就是对对方这种心理需要的一种满足。许多人希望你聆听他们的故事，远甚于希望你应允他们的要求。可见，倾听在口语交际中具有十分重要的意义。

三、倾听活动的特点

1. 时空性

说话者的语流是连续不断且相当快速的，具有转瞬即逝的特点，这就要求聆听者排除内外干扰,控制注意力、全神贯注、准确无误地捕捉对方用口语发出的信息,要对周围的话语和声音保持极强的灵活性、机智性和敏捷性。

2. 感知性

倾听受交际目的和交际情境的制约,所以,倾听活动不是简单地吸收,而是要求聆听者对语言要"知",要从语境、对方心理等方面,运用自己的经验和知识去揣摩、去感受和判断说话者传达的信息,不能机械地理解。

3. 选择性

在口语交际过程中,我们所获得的信息是庞杂的,其中一部分是有价值的,但还有一部分是冗余的。这就需要聆听者对语言进行筛选过滤,排除干扰信息和那些芜杂的信息,透过现象抓住本质,对信息进行归纳、浓缩和加工。

四、倾听的层次

1. 心不在焉地听

倾听者心不在焉,几乎没有注意说话人所说的话,心里考虑着其他毫不相关的事情。这种层次上的倾听,容易导致人际关系的破裂,是一种极其危险的倾听方式。

2. 被动消极地听

倾听者被动消极地听取说话者所说的内容,常常会错过对方通过表情、眼神等体态语言所表达出来的含义。这种层次上的倾听,会导致误解,失去真正交流的机会。

3. 主动积极地听

倾听者主动积极地听取对方所说的话,认真关注对方,聆听对方的话语内容。这种层次的倾听,能够激发对方的注意,但是很难引起对方的共鸣。

4. 有同理心地听

这不是一般的"听",而是用心去"听",这是一个优秀的倾听者应具备的特质。这种倾听者总是带着理解和尊重积极主动地聆听,能够设身处地看待事物,权衡所听到的话语,有意识地注意非语言线索,询问而不是质疑说话者。这种感情注入的聆听方式在形成良好人际关系方面起着极其重要的作用。

五、倾听的障碍

在倾听的过程中,如果人们不能集中自己的注意力,真实地接收信息,主动地进行理解,就会产生倾听障碍,造成信息失真。影响听话效率的障碍主要有以下三点:

1. 环境因素引起的障碍

环境对人的听觉和心理活动有着重要影响。环境因素不仅包括客观环境,如谈话场所的选择、环境的布置、噪声的大小、光照的强弱、温度的高低、座位的安排等，还包括主观环境因素，如交谈双方的心情、性格、衣着、谈话人数、话题等，这些都会导致信息接收的缺损。

2. 倾听者引起的障碍

倾听者在整个交流过程中具有举足轻重的作用。倾听者的知识水平、文化素养、职业特点、生活阅历、理解能力、接受能力、倾听习惯及其态度心理都与倾听效果紧密相关，具有不同理解能力的倾听者必然会有不同的倾听效果。

3. 说话者引起的障碍

1）语言因素引起的障碍

说话者所使用的语言工具、语言背景、语言表达方式、表达习惯等都会影响聆听的效果。

2）身体语言引起的障碍

身体语言是沟通的重要组成部分，恰当的身体语言有助于听话者的理解，而身体语言运用不当则会给听话者造成理解障碍甚至产生误解。

六、倾听能力训练的方法

1. 倾听注意力训练

注意力是倾听的基本能力，是确保所听内容准确全面的重要因素，是形成良好听力的前提。在口语交际中，倾听者可能会受到说话人知识水平、说话习惯、周围环境等诸多因素的影响，所以要求倾听者在各种复杂情况下能够迅速将思维"调"向信息源，并且毫不分心地抵御干扰，精确理解话语内容。只有注意力集中，才能专心致志地听，才能听准、听清、听全。

训练方法：

（1）轻声听辨。请一位同学小声读一段文字，坚持听10分钟，然后说出所听到的内容，看是否准确完整。

（2）闹中听辨。尝试在喧哗嘈杂的环境中同别人讲话，力求听清对方所说的每一字句。

（3）快中听辨。尝试与说话快的人对话，听清他们说的每一句话，或请一位朋友快速读一段文字，听后复述其内容。

（4）方言听辨。尝试找不同方言区的人聊天，训练注意力，但方言选择要适中，不能一点都听不懂。

2. 听话记忆力训练

记忆力是倾听能力的重要构成要素。倾听者对所听到的话语做有意识的记忆，把外部材料信息转化成一种心理形式输入大脑并储存起来；倾听者一边吸收其负载的信息，一边记忆，不断地听，不断地记，使记忆的材料形成网络和系统，这样听话才是有意义的。因此，我们必须加强听话记忆力的训练。

训练方法：

（1）复述法。读一篇文章，听一段广播或观看一个小品节目，然后进行复述，以此检查自己对复述材料的记忆准确度。

（2）问答法。找一个朋友向你提出几个问题，每个问题要有适当的描述，然后由你回答。这种方法对于提高记忆力的准确性大有帮助。

（3）放映法。回忆自己一天下来所做的事和接触的人，就像放电影一样在大脑里过一遍。这种方法对提高记忆力，养成善于思考的习惯有很大帮助。

（4）记忆法。对平时遇到的一些数字或经典话语，努力地去记忆，然后立刻说出来。

3. **听力概括力训练**

概括力是倾听的一项重要能力。在倾听过程中，时间、心理、说话者的表达能力等因素都会对倾听者造成很大的影响，这就要求倾听者善于区分层次关系，能够迅速、准确、全面地归纳出话语要点，善于从纷繁芜杂的谈话中理出思路，抓住主旨。

（1）中心提炼法。听一段话或一篇文章，把握其思维脉络，提炼出所表达的主题思想。

（2）归纳合并法。两人一组，其中一人即兴说出属于三个词类的词语若干个，另一人听完后按词类归纳复述一遍。

4. **倾听理解力训练**

理解力是倾听中一种较高层次的能力，是倾听能力的核心。倾听理解力训练是对快速、准确地理解听到的话语的内在含义的能力的训练。倾听的过程，是聆听者接收说话者发出的信息，结合自己已有的知识进行理解的过程。这里的理解，不仅包括通过听觉分析器对语音的辨析，还包括透过语音了解语义，由对方发出的外部语言了解其内部语言，甚至还包括玩味说话人话语中的深层含义和言外之意。

训练方法：

（1）情节推测法。两人一组，其中一人读一些案件的情节，另一位推测结局。

（2）访谈训练法。分小组做一个时长5分钟的访谈节目，话题自选。每组推选一位同学做主持人，通过主持人与同学的采访问答，训练理解力。

5. **倾听灵敏力训练**

这是一项边听边思考并做出恰当语言应对的技能训练。

（1）听读诗句或对联的上句，迅速接出下句。

（2）听读成语典故，马上说出成语。

（3）仔细研究著名主持人的主持方法，看他们是如何应对随机应变、临场发挥的。

实训任务

任务一　倾听能力测评

1. **实训目的**

通过实训，学生应能够正确评价自己的倾听能力，了解自己不良的倾听习惯，并针对自己的倾听能力，进行有针对性的改进，养成良好的倾听习惯。

2. 实训要求

（1）授课教师要对本次实训任务有整体的把握。

（2）授课教师要对本次实训的任务分配及其对应的分值予以详尽的介绍，如果是分组完成，要做好相应的协调工作。

3. 实施过程

根据倾听能力测评表（表1-1）左侧的描述，在右侧五栏中选择与自己相符的选项，即下方与文对应的分数。

表1-1 倾听能力测评表

	描述	几乎都是	常常	偶尔	很少	几乎从不
态度	1. 你喜欢听别人说话吗？	5	4	3	2	1
	2. 你会鼓励别人说话吗？	5	4	3	2	1
	3. 你不喜欢的人在说话时，你也注意听吗？	5	4	3	2	1
	4. 无论说话人是男是女，年长年幼，你都注意听吗？	5	4	3	2	1
	5. 朋友、熟人、陌生人说话时，你都注意听吗？	5	4	3	2	1
行动	6. 你是否会目中无人或心不在焉？	5	4	3	2	1
	7. 你是否注视说话者？	5	4	3	2	1
	8. 你是否忽略足以使你分心的事物？	5	4	3	2	1
	9. 你是否微笑、点头以及使用不同的方法鼓励他人说话？	5	4	3	2	1
	10. 你是否深入考虑说话人所说的话？	5	4	3	2	1
行为	11. 你是否试着指出说话者所说的意思？	5	4	3	2	1
	12. 你是否让说话者说完他的话？	5	4	3	2	1
	13. 你是否试着指出他为何说那些话？	5	4	3	2	1
	14. 当说话者犹豫时，你是否鼓励他继续说下去？	5	4	3	2	1
	15. 你是否重述他的话，弄清楚后再发问？	5	4	3	2	1
	16. 在说话者讲完之前，你是否避免批评他？	5	4	3	2	1
	17. 无论说话者的态度和用词如何，你都注意听吗？	5	4	3	2	1
	18. 若你事先知道说话者要说什么，你会注意听吗？	5	4	3	2	1
	19. 你是否询问说话者有关他所用字词的意思？	5	4	3	2	1
	20. 为了请他更完整解释他的意见，你是否询问？	5	4	3	2	1

将表1-1各项得分相加，测评结果如下：

（1）如果得分为90~100分，你是优秀的倾听者。

（2）如果得分为80~89分，你是一个很好的倾听者。

（3）如果得分为65~79分，你勇于改进，尚且算是一个良好的倾听者。

（4）如果得分为50~64分，在有效倾听方面，你确实需要再训练。

（5）如果得分在50分以下，你有注意听别人说话吗？

任务二 听与说训练

1. 实训目的

通过实训,学生应能够将听说两项技能交叉运用并做到自我理性控制;能够对所听到的话语进行准确分析、准确理解、准确判断和准确处理。

2. 实训要求

(1) 规则:以小组为单位进行演练。
(2) 参与人数:6个人分别扮演不同角色(其他人为评委)。

3. 实施过程

(1) 背景介绍:飞机坠落荒岛,只有6人生还,唯一逃生工具是气球吊篮(一次限乘一人),无水和食物。
(2) 角色分配:
孕妇:怀胎8月。
发明家:正在研究心能源汽车。
宇航员:即将远征火星,为人类寻找新家。
医生:研究艾滋病治疗,已取得重要突破。
生态学家:负责热带雨林抢救。
流浪汉:经营着艰辛的人生,但生存能力很强。
(3) 方法:针对由谁乘坐气球先行离岛的问题,各自陈述理由。先复述前一人的理由,再申述自己的理由。最后大家复述别人逃生理由是否完整、陈述自身理由是否充分,决定可先行离岛的人。

拓展阅读

亚伯拉罕·林肯曾接手过一个案子:一名叫盖瑞森的年轻人被指控在1837年8月9日晚上的野营布道会上枪杀了克拉伍,目击证人是苏维恩。作为盖瑞森的辩护律师,林肯在法庭上一言不发,直到默默听完目击证人的证词,法庭渐渐平静下来,他才缓缓开始提问。

林肯:"在看到枪击之前你与克拉伍曾在一起吗?"
证人:"是的。"
林肯:"你站得非常靠近他们吗?"
证人:"不,约有20米远。"
林肯稍微沉默了一会,继续问道:"不是10米吗?"
证人犹豫了一下,又接着说:"不,有20米或更远。"
林肯:"在宽阔的草地上?"
证人:"不,在林子里。"
林肯:"什么林子?"
证人:"榛木林。"

倾听与表达

林肯:"在8月里,榛木林的叶子很密实吧?"
证人:"是的。"
林肯:"你认为这把手枪就是凶手当时用的那把吗?"
证人:"看起来很像。"
林肯:"你能看到被告开枪射击,那么能看到枪管的情形吗?"
证人:"是的。"
林肯:"这距离布道会的场地有多远?"
证人:"750米。"
林肯:"灯光在哪儿?"
证人:"在牧师的讲台上。"
林肯:"有750米远吗?"
证人:"是的。我已经回答你两遍了。"
林肯:"你是否看到克拉伍或者盖瑞森所在之处有烛光?"
证人:"没有,要烛光干吗?"
林肯:"那么,你怎么看到的这起枪击事件呢?"
证人:"借着月光呀!"
林肯:"你在22:00看到枪击案发生;在榛木林里;离灯光750米远;你看到了手枪枪管;看到那人开枪;你距离他有20米远;你看到的这一切都是借着月光?离营地的灯光几乎一里之外看到这些事情?"
证人:"是的,我之前都告诉你了。"

听完了证人说的最后一句话后,林肯从大衣口袋里拿出了一本天文历,翻到其中的一页高声念道:"1837年8月9日晚上根本看不到月亮,月亮是在次日的凌晨一点才升起的。"

于是林肯帮盖瑞森彻底打赢了这场官司。

林肯为什么能打赢了这场官司?在上述案例中,林肯是在耐心而认真地倾听后,将对方提供的信息与自己掌握的资料紧密结合才找出了证人证词中的致命漏洞,然后成功地运用一系列提问,使证人无法自圆其说,最终证人的证词被宣布无效。

第二章 有话敢说

学习目标

通过本章的学习，学生应能够克服口语表达中的恐惧情绪与自卑感，树立自信，弘扬激情，努力提高自己的素养，使自己敢于当众表达。

案例导入

一位父亲带着儿子去参观凡·高故居，在看过那张小木床及裂了口的皮鞋之后，儿子问父亲："凡·高不是一位百万富翁吗？"父亲答："凡·高是位连妻子都没娶上的穷人。"

又过了一年，父亲又带儿子去了丹麦。到安徒生的故居前去参观，儿子又困惑地问："爸爸，安徒生不是生活在皇宫里吗？怎么他生前会在这栋阁楼里？"父亲答："安徒生是位鞋匠的儿子，他就生活在这里。"

这位父亲是一个水手，他每年往来于大西洋的各个港口，他儿子叫伊东·布拉格，是世界历史上第一位获得普利策新闻奖的黑人记者。

二十年后，伊东·布拉格在回忆童年时说："那时我们家很穷，父母都靠卖苦力为生，有很长一段时间，我一直认为像我们这样地位卑微的黑人是不可能有什么出息的。是父亲让我认识了凡·高和安徒生，这两个人的经历让我知道，上帝没有这个意思。"促使他成功的无疑是那两位贫穷的名人。

在现实生活中，常看到这样的人：他们常因自己角色的卑微而否定自己的智慧，因自己地位的低下而放弃儿时的梦想，有的甚至因为被人歧视而消沉，为不被人赏识而苦恼。这是多么大的错误啊！其实造物主常把高贵的灵魂赋予卑贱的肉体。就像我们在日常生活中，总爱把最贵重的东西藏在家中最不起眼的地方。

很多时候，是出身卑微的人自己看低了自己。一个人不可能选择他的出身，但他完全有能力选择自己的未来。在这个世界，如果人们都能够多一点自信，多一点不屈不挠的毅力，少一点自暴自弃，少一点怨天尤人，那么，这个世界将会有更多的成功者。

基础知识

一、演讲紧张的征兆和原因

我们先进行一下演讲紧张程度的测试，以便在后面的训练中有的放矢（表2-1）。

倾听与表达

表 2-1 演讲紧张程度测试表

上台紧张程度	A. 恐惧，心跳急剧加速，大脑一片空白，低头不敢看台上 B. 紧张，词不达意，面红耳赤，害羞和自卑 C. 慌乱，但能维持，想好的内容不能自如表达 D. 稍有紧张，能应付过去
工作状态	A. 不用表现，做出成绩老板会知道 B. 不太张扬，靠实力说话 C. 老板说了算，我只是执行 D. 主动汇报，能将想法说出来
目光	A. 站在台上不敢看台下，目中无人，只望天花板或地板 B. 望着台下的熟人，不敢看其他人 C. 不敢对视，看一下就回避 D. 敢直视少数人，目光闪烁不定
肢体控制	A. 腿动颤抖，手脚无所适从 B. 站立不稳，身子重复晃动 C. 手脚不断重复同样的动作 D. 稍有不自然，过几分钟即可应付
公众面前	A. 不敢讲自己悲惨、痛苦、遗憾的事 B. 可以讲故事和笑话，但听的人无动于衷 C. 可以讲清楚一个道理，但没有掌声 D. 听的人中有笑声，讲完之后很快乐
工作会议	A. 不能发言，总是说"好好好"、"没意见"、"同意" B. 提出不同意见，但是发挥不理想，理由不充足 C. 有自己观点，但讲话啰唆，自己不知所云 D. 从容自如，有条不紊
普通话运用	A. 基本不能运用普通话，语言无法让人理解 B. 运用普通话水平较差，方言较多，且难理解 C. 能运用普通话，虽带有较多方言，但基本可以理解 D. 能很好地运用普通话
语言逻辑性	A. 前后语言三处以上衔接明显有生硬之处，语言结构混乱，明显缺乏思维逻辑性 B. 前后语言一到两处衔接略显生硬，语言结构基本清楚完整，能表现出一定的思维逻辑性 C. 前后语言基本连贯，衔接基本自然，语言结构清晰，基本完整，有一定的思维逻辑性 D. 前后语言连贯，衔接自然，语言结构清晰完整，有较强的思维逻辑性
语言的生动性	A. 语言表达方式明显单调、晦涩，缺乏幽默感 B. 语言表达方式略显单调、晦涩，有幽默感，但表达不当，并缺乏感染力 C. 语言表达方式基本生动、幽默，具有一定感染力 D. 语言表达方式丰富生动，表现出自然、恰当的幽默，具有较强感染力
紧张原因	A. 从未上台讲过话，也不想上台讲话 B. 想上台，但一直不敢上台 C. 上台的机会少，公众讲话的机会更少 D. 能上台，但没有正规的训练，缺少胆量

续表

哪种场合紧张	A. 会议中、发言中、会议马上要自己发言时 B. 10～50人的场合中突然被点名发言 C. 集体活动时单独表演节目 D. 没有准备的情况下上台讲话
训练重点	A. 声音 B. 内容 C. 肢体与表情 D. 语速控制与内容条理
目标	A. 做一个真实的自我，能表达就行 B. 做好单位工作，练就领袖气质 C. 主持单位活动及参与社会活动 D. 参与、主持社会活动，成为行业领袖

选A得1分，选B得2分，选C得3分，选D得4分，总分在1～13分为A级紧张，14～25分为B级紧张，26～35分为C级紧张，36分以上为D级紧张

我的自信得分_____，我目前属于_____级紧张。

我需要加强练习的方面：_____。

（一）演讲紧张的征兆

演讲紧张属于沟通焦虑的一种，是人们在设想演讲或实际演讲时的害怕程度。紧张的症状包括生理的和心理的反应。生理变化表现为：轻度的，心跳加快、呼吸急促、颜面赤热；中度的，手脚发软、肌肉抖颤、小便频繁；重度的，当场晕倒。心理上可能感到不安、焦虑或者难过，也可能产生消极的想法或思考模式。

幸运的是，演讲紧张的程度会随着演讲次数的增加逐渐减弱。演讲紧张会经历三个阶段：预期反应、面对反应以及适应反应。预期反应是在发表演讲之前的紧张程度，包括在演讲准备和等待演讲时的紧张。面对反应是在开始演讲时紧张程度的突然上升。适应反应是在演讲一分钟以后紧张程度的逐步下降，并且在5分钟以后恢复到演讲开始前的水平。

（二）演讲紧张的原因

1. 天生的性情

研究表明，有些演讲紧张是天生的。该理论认为，有些人的演讲紧张是来自于天生的性情，这要用神经生物学来解释。根据这个理论，天性的两个方面，即性格内/外向和神经质一起发挥作用，增强了当众演讲时的紧张感。性情外向的人做演讲时，紧张程度比内向的人低，而且外向的人比内向的人活泼、积极、自信，爱好交际，爱占上风，爱冒险。当众演讲时的紧张程度还与"神经质"这种天生的性情有关。天生神经比较敏感的人比起那些性情比较稳定的人来说，更容易紧张、沮丧、内疚、羞怯、情绪多变以及不理性地思考问题。根据"沟通生物学"理论，对于那些既内向神经又比较敏感的人来说，他们演讲会表现出更高程度的紧张感。

2. 评价忧虑

"评价忧虑"是造成怯场心理的最主要因素。针对"评价忧虑"这种现象，美国演讲学家查尔斯·R·格鲁内尔提出了"自我形象受威胁"论。"自我形象受威胁"论认为，每个人都具有理性的、社会的、性别的、职业的自我形象。当人们进行演讲时，就把自我形象暴露于公众面前。一旦在众人面前说话，"我的粗浅根底、拙劣看法都暴露出来了，那么从此以后，还有我的立足之地吗？"这种想法一旦产生，自我保护意识很可能出卖这个人。他可能会以准备不充分为借口，拒绝当众讲话，或者在讲话时失去自信，造成思路阻断，心里发慌，加剧紧张的程度。

3. 缺乏自信，自我挫败

有些人在准备去做某些事情之前，往往会设想许多可能遇到的困难和障碍，并被这种困难和障碍吓到，似乎失败就在等着自己，从而感到十分忧虑和恐惧，总想回避。这种由个人主观心理活动所造成的失败感就是心理上的"自我挫败"。例如，要某人当众发言，他就感到负担很重，心理十分紧张，而越是紧张，压力越大，到了台上竟然会把事先准备好的，甚至能倒背如流的发言内容忘个精光，有时连讲话也口吃起来。他可能会自惭形秽，心想："我以后再也不在大庭广众之下发言了！"从此他就放弃在这方面发展的可能性。

4. 没有接受正规的训练，缺乏演讲技巧

这是最为重要的原因之一。"技巧缺乏"是演讲紧张的最早解释，研究者也在继续对其进行研究。大多数人不知道如何有效地计划或准备演讲，没有实战经验，这样会造成演讲紧张。

5. 部分听众的权威地位

如果我们面对的听众地位比我们高，我们讲话时便感到紧张。许多参加大赛的选手在评委面前的表现往往不自然，一方面是因为评价忧虑，另一方面无疑是因为评委们"大权在握"。类似的情况还出现在求职者面对招聘小组、下级面对上级、普通人面对专家等场合。

二、演讲紧张的控制

当众语言表述可以分为四个阶段，即怕讲、敢讲、能讲、会讲，这几个阶段都离不开心理训练这一环节。克服当众演说的紧张，克服"怕讲"这一障碍，是训练的起点。

下面提供几种控制紧张的方法：

1. 生理疗法

运动让人放松，演讲者在怯场时，可以运用深呼吸法或通过活动自己的肢体，缓解来自生理方面的紧张。例如，有些主持人每当紧张的时候就用力地掐自己，能马上分散或转移注意力。

2. 心理调节

自信是演讲者必备的心理素质。美国著名心理学家、人际关系学家卡耐基认为，消除恐

惧与自卑感的最好方法之一是建立自信。而在这个过程中，有意识地在公共场合练习讲话是一种很好的方法，它不仅可以克服人们的不安心理，而且有助于人们树立勇气和自信。

3. 实践训练

美国思想家、文学家爱默生说："克服恐惧的最有效的方法，是去干你想做又怕做的事情。"行为心理学家也提示我们："克服当众讲话的紧张心理，最有效的方法是鼓励人们多说多练。"

三、自信是口才的驱动力

自信是激励自己奋发向上的心理品质与精神状态。一个充满自信的人能够发现自己的价值并不断努力奋发进取。

学习训练口才特别需要自信，因为话总是说给别人听的。当着众人的面，把自己想说的话有条有理、声情并茂地讲出来，是需要有极大的勇气和自信的。许多人心里知道如何讲清楚，可是由于紧张、害怕讲不好，没有自信心，话到嘴边就"卡壳"，吞吞吐吐说不明白，久而久之就养成了心里明白、嘴上说不清楚的习惯，如同"茶壶煮饺子——有嘴倒不出来"。当然，也许有人会说，良好的口才需要有良好的知识基础，应该先学好文化知识，再去训练口才，这种说法看起来有几分道理，其实也不完全正确。诚然，有良好的知识底蕴，就会口吐珠现，讲话有文采，但这并不妨碍优先进行口才的训练和提高。在现实生活中，不少乡村大嫂的文化水平不高，有的还不识几个字，但她们讲起道理来却是一套一套的，让人不得不佩服。这说明口才在一定程度上与人的知识多少并不成正比，它依赖于人们的思想深度、思维的逻辑性以及口语表达能力的强弱。认识到这一点，我们就能借助有限的知识与自信的激励，大胆地进行口语训练，边学习文化知识，边提高口语的表达能力与技巧。

学习训练口才最重要的方式就是开口说话。利用一切机会进行说话训练，而不能只在心中默默地学，就是不开口讲话。利用开口说话来练习口才越早越好，特别是思维、习惯还没有定型的学生，尤其要开口练习。一定要开口把话讲出来，这是自信的反应，更是口语语义训练的迫切需要。不管你说得好不好，对不对，动听不动听，首要的是把你想说的话全部讲出来。口语表达是与人的思维紧密联系的，思考、说话的过程就是思维与语言器官有机协调和配合共同完成口语表达的过程。只有实现了思维与口语表达的有效结合，才能把心中所思所想通过有声和无声的语言准确而生动形象地表达出来，以此彰显口语表达的水平与层次。可见，训练口才的首要任务就是实践，进行长期艰苦的练习实现思维与语言的同步。如此，我们就能思如泉涌、妙语连珠。

四、自信的培养

自信，顾名思义就是自己相信自己，培养自信只能靠自己。自信是一种积极的心理品质，是促使人向上奋进的内部动力，是一个人取得成功非常重要的心理素质。成功者都是非常自信的人。许多人在走向成功的道路上历经磨难，却越挫越坚，越挫越勇，跌倒了又

倾听与表达

顽强地爬起来。是什么力量支撑着他们战胜了来自各个方面的困难，最终获得成功呢？正是他们的自信。

如何培养自信心？人们探讨并实践过很多种方法，但由于人的知识水平、生活经历与心理素质的差异，培养自信心没有固定的模式，重要的是具体问题具体分析，根据自己的实际情况，对症下药。

1. 自信意识的培养

挑前面的位子坐。在日常生活中有一个非常有趣的现象，无论在什么场合，领导或成功人士总喜欢坐在前面几排，在教室里往往是学习成绩好、表现突出的同学坐前面，开会时后排的座位总是先被坐满。进一步分析这种现象会发现，喜欢坐前面的大都是自信的人，而大部分占据后排座位的人都是缺乏自信心，有意识隐藏自我，希望自己不显眼，不会轻易被别人发现的人，长此以往，他们会慢慢被人忽视和忘记，因而也就丧失了许多亮相和发展的机会。因此，把它当作一个规则试试看：从现在开始就尽量往前坐。敢于挑前面的位子坐，敢于被人所认识和了解，敢于公开亮相，有助于培养自信心。当然，坐前面会比较显眼，但要记住，有关成功的一切都是显眼的。

2. 练习正视别人

眼睛是心灵的窗户，眼神可以透露许多信息。正视别人等于告诉他：我很诚实，而且光明正大；我相信我告诉你的话是真的，毫不心虚。不正视别人通常意味着：在你旁边我感到自卑；我感到不如你；我怕你。躲避别人的眼神意味着：我有罪恶感；我做了或想到什么我不希望你知道的事，我怕一接触你的眼神，你就会看穿我。正视别人是有自信的表现。

3. 练习当众发言

拿破仑·希尔指出，有很多思路敏锐、天资聪颖的人，却无法发挥他们的长处参与讨论。并不是他们不想参与，只是因为他们缺少信心。

在会议中沉默寡言的人都认为："我的意见可能没有价值，如果说出来，别人可能会觉得很愚蠢，我最好什么也不说。而且其他人可能都比我懂得多，我并不想让你们知道我是多么无知。"这些人常常会对自己许下很苍白的诺言："等下一次再发言。"可是他们很清楚自己是无法实现这个诺言的。每次这些沉默寡言的人不发言时，他就又失去了一次公开发言展示自己的机会，他也就会越来越丧失自信。从积极的角度来看，如果尽量发言，就会增强信心，下次也更容易发言。所以，要多发言，这是自信的"健身房"。

4. 挺胸抬头，快步走路

许多心理学家将懒散的姿势、缓慢的步伐与对自己、对工作以及别人的不愉快的感受联系在一起。但是心理学家也告诉我们，改变姿势和速度，可以改变心理状态。你若仔细观察就会发现，身体的动作是心灵活动的结果。那些遭受打击、被排斥的人，走路都拖拖拉拉，完全没有自信心。

5. 做自己能做的事

做自己做得到的事时，个性会显现出来。更重要的是，与其急欲恢复自我的形象，不如找出现在可以做的事。知道应该做的事,然后加以实行,就可以从自我的形象中获得解放。总之,要试着记下马上可以做的事,然后加以实践,没有必要一定是伟大、不平凡的行动,只要是自己力所能及的事就足够了。一次一次地达到目标总会带给人更多的动力。所以应该把大目标分成几个小阶段来进行。每到达一个新阶段,都会产生新的动力,并会激发实现终极目标所需要的动力。

实训任务

任务 胆量训练

1. 实训目的

通过实训,学生应消除当众表现的恐惧心理,敢呼于情,敢宣于色。克服当众表现的障碍,产生上台表现的欲望。

2. 实训要求

(1)授课教师要对本次实训任务有整体的把握。

(2)授课教师要对本次实训的任务分配及其对应的分值予以详尽的介绍,如果是分组完成,要做好相应的协调工作。

3. 实施过程

1)无语练胆

(1)学生轮流昂首阔步走上讲台,微笑着目视最后一排同学而不讲话,环顾全场,使每位同学感到被关注。

(2)台下学生微笑着盯住台上学生的面部,时间为2分钟或直到该生不感到紧张为止。

2)情境模拟

(1)情境设置。

① 上课时,你的手机响了,老师请你进行解释。

② 你在某超市购物,收银员多收了你50元,但他拒不认错。

③ 你在食堂买饭,有同学加塞儿,你与他争吵起来。

④ 说服你的好友不要逃语文课。

(2)操作方法及要求。

① 学生任意选择某一情境合理想象。

② 每个情境的对话不少于5个回合。

③ 每组训练过后,教师或其他学生进行点评,训练者自评。

拓展阅读

塞浦路斯的国王皮格马利翁是一位有名的雕塑家。他用象牙精心雕凿了一位美丽可爱的少女雕像。他深深地爱上了这个"少女",并为她取名为盖拉蒂。他还给盖拉蒂穿上美丽的长袍,并且拥抱她、亲吻她,他真诚地期望自己的爱能被盖拉蒂接受。但她依然是一尊雕像。

皮格马利翁感到很绝望，他不愿意再受这种单相思的煎熬，于是，他就带着丰盛的祭品来到阿芙洛狄忒的神殿向她求助，他祈求女神能赐给他一位如盖拉蒂一样优雅、美丽的妻子。他的真诚期望感动了阿芙洛狄忒女神，女神决定帮他。

皮格马利翁回到家后，径直走到雕像旁，凝视着它。这时，雕像发生了变化，她的脸颊慢慢地呈现出血色，她的眼睛开始释放光芒，她的嘴唇缓缓张开，露出了甜蜜的微笑。盖拉蒂向皮格马利翁走来，她用充满爱意的眼光看着他，浑身散发出温柔的气息。不久，盖拉蒂开始说话了。皮格马利翁惊呆了，一句话也说不出来。

皮格马利翁的雕塑成了他的妻子。

一个人期望自己成为什么样的人，他就有可能成为那样的人，这种现象被称为"皮格马利翁效应"。

第三章　有话可说

学习目标

通过本章的学习，学生应能够了解材料对口语表达的重要意义；从理论和实践两方面掌握搜集、获取、整理材料的主要途径和方法；按照选材的基本要求，切实提高鉴别和使用材料的能力。

案例导入

从前有一个秀才为完成一篇文章苦思冥想，茶饭不思，搜肠刮肚也挤不出一句话来，妻子心疼丈夫，安慰道："相公，写文章也不是太难，再难也难不过我们女人生孩子啊！那可是再造一个生命呢！"秀才苦笑道："还是生孩子好些，肚子里有货就能生出来。只是你相公现在肚子里没货，可叫我如何生出锦绣文章来啊？"

这则笑话反映了素材在文章（书面表达）中的重要性。在口语表达中，素材的积累也是非常重要的。说话是一门艺术，要能表达各方面内容，如果只在技巧上下功夫，而忽略自身素质的培养和知识素材的积累，就如同将大厦建在沙滩上。"文之无言，行之不远"讲的就是这个道理。

基础知识

生活是口语表达素材积累的不竭源泉。社会生活是人们最好的老师。口语表达的真正基础在于我们平时勤于观察、善于思考、热爱生活、关心时事，从而积累丰富的口语表达素材。积累丰富的口语表达素材，一直是口语训练中密切关注而又非一日之功的重要问题。

一、用心搜集材料

材料是口语表达者为阐述自己的观点、主张，即为了说明主题所选取的论据及事实。如果把主题比作人的灵魂，那么材料便是其血肉。在口语交际中，一次演讲、一场辩论、一场报告或一次发言，不论选择了什么题材，确定了什么主题，材料的充分、可靠和典型程度，都是衡量其质量优劣、效果好坏的尺度之一。

俗话说，巧妇难为无米之炊。古往今来，彪炳史册的演说家无一不是在占有材料上下了功夫的。林肯在他生活的时代流行戴礼帽，所以他经常戴着一顶高帽子，无论走到哪里，他总是把随手得来的有用的材料抄写在碎纸片、旧信封或包装纸上，然后塞进帽子里以待回家整理。这顶帽子也就成了林肯收集材料的临时"储存库"。

材料的占有正如"韩信带兵,多多益善"。根据经验,搜集材料主要有以下三个途径:

(一)用心观察

观察是交际者依靠自己的感官认识客观事物的知觉过程。感官包括眼、耳、鼻、舌、身等几个方面,其中最主要的是眼睛。有研究表明,人脑中存储的信息80%以上是通过眼睛的视觉活动来获取的。鲁迅先生曾说过:"留心各样的事情,多看看,不能看到一点就写。""留心"是仔细地观察,而不是简单地注视,是与交际者思索、想象、联想紧紧相连,并受交际者思维影响的系统知觉活动,观察是在一定的交际目的支配下,对事物所做的有意识的认真、仔细、周密的审察。

《红楼梦》第三回中,林黛玉初进贾府,正与贾母、探春、惜春等人寒暄,忽听窗外有人高声叫嚷:"我来迟了,不曾迎接远客!"黛玉十分纳罕:"这些人个个皆敛声屏气,恭肃严整如此,这来者系谁,这样放诞无礼?"于是就要有意识地看看来者究竟是何等人物:"这个人打扮与众姑娘不同,彩绣辉煌,恍若神妃仙子:头上戴着金丝八宝攒珠髻,绾着朝阳五凤挂珠钗;项上带着赤金盘螭璎珞圈;裙边系着豆绿宫绦双鱼比目玫瑰佩;身上穿着缕金百蝶穿花大红洋缎窄裉袄,外罩五彩刻丝石青银鼠褂;下着翡翠撒花洋绉裙。一双丹凤三角眼,两弯柳叶吊梢眉,身量苗条,体格风骚,粉面含春威不露,丹唇未启笑先闻。"

林黛玉通过认真、仔细地观察,获得了极为丰富的信息,不仅认识了来者的衣着、外貌,而且连其身份、地位、性格都了解了,知道不是等闲之辈,于是"连忙起身接见"。在贾母介绍是"凤辣子"王熙凤后,黛玉"忙赔笑见礼,以嫂呼之"。这种经过观察、思索、分析所得到的信息是一个交际者智慧的结晶。因此,平时我们要认真仔细地去观察生活、观察人、观察事、观察口语交际活动;要善于用自己的眼睛看表、看里、看点、看面、看深、看细、看过去、看现在、看将来……总之,要做有心人,把生活中各种各样的材料用自己的"摄像机"拍摄下来,储存在头脑的"仓库"里,切不可心不在焉,视而不见,听而不闻,让生活中许多有价值的材料从自己身边溜走。

(二)深入体验

交际者有意识地突破个人生活局限,投入到新的环境中去感受事物,从而获取信息的过程,叫作体验。体验要求交际者全身心地投入,因此比观察带有更多的主观色彩。它是交际者在口语表达过程中积累材料和筛选材料的重要途径。

在生活中,要做到和做好体验并不容易。体验的基本要求有以下几点:

1. 设身处地,身到心到

体验即置身于对象及其所处的环境之中,与对象打成一片,不是以旁观者姿态而是以当事者的身份投入到所从事的实践活动中去。交际者要体验什么,就要全身心地投入,不仅身到,更要心到。只有心到了才能有深层次的认识,才能获得反映事物本质的材料。

2. 激发感情,情到意到

体验从根本上来说是交际者感情支撑的行为表现。交际者必须与对象发生感情上的联系和心灵上的交流与感应；如果抱着冷漠的态度，则不能获得深刻的印象。交际者要获得对事物的真切感受，必须与该事物发生感情上的联系，激发与该事物相同或相反的喜怒哀乐、爱憎、理解、同情或惋惜，做到情到意到。只有真正动了情，才能获得具有真情实感的材料。

3. 捕捉感受，眼到脑到

感受是交际者感官因受到外界刺激而产生的一种心理体验活动。有了对生活的激情，还须使这种感情上升为对生活的理解，形成自己对生活的独特感受。所以，感受就是指那种独具慧眼的发现。没有对事物的观察、体验，就谈不上有什么感受。但是，有了观察、体验，也不等于一定有感受。因为感受需要去抓取，去捕捉，否则稍纵即逝，让许多有价值的材料从自己的眼前跑掉。著名作家茹志鹃总是用自己的眼睛"从生活中寻找出那种闪光的属于自己的东西"。要想看见、寻找、捕捉、发现这样的东西，就得眼到脑到，注重培养自己的判断能力和探索真理的勇气。

（三）广泛查阅

查阅就是通过古今中外的图书、文献、报刊等资料来获取需要的信息。这是对观察、体验等途径很好地补充。现实社会，交际者的时间、精力、活动范围都是有限的，不可能对所有事物、问题进行观察和体验。通过查阅书本或通过各种媒体，同样可以获得材料。因为不管是写进图书、文献、资料、报刊中的信息，还是广播电视、互联网上的资料，都是别人在观察、体验中获得的，交际者完全可以拿来为己所用。

二、科学整理材料

交际者通过观察、体验、查阅等途径获取的材料，只是暂时的"得到"，在实际交往中，交际者不可能一得到材料就立刻运用。只有在进行具体的交际活动时，交际者才会根据实际需要对这些信息材料加以选用。这里就存在着一个如何对材料进行科学整理的问题。整理就是对获取的材料进行梳理，以备选用。科学整理可以从以下两方面入手：

一是对材料作系统整理。系统整理是指交际者在明确目的地支配下，对获取的材料按照各种信息的门类进行有条理地整理，例如，可以将获取的材料分别归入天文、地理、历史、政治、军事、经济、人物、动物、植物、笑话、典故等相应的门类。但是，这种整理工作量大、所需时间长，要求交际者厚积、广采、博收。

二是对材料作专题整理。专题整理是指交际者为了某一具体的口语表达活动和口语交际目的进行的有意识的材料整理。这种整理在材料的内容和范围上都有限定，整理的工作量不大，时间也较短，往往整理不久就可付诸运用。

要想把材料的整理工作做细、做好，还必须掌握一些储备材料的方式、方法。

（一）记忆

记忆是过去的经验在人脑中的反映。交际者在观察、体验、查阅中获取的信息材料，都会在头脑中留下印象，形成经验。把这些印象、经验储存在大脑里，就是"记"；待到交际需要时，再让这些印象、经验跳出来，就是"忆"。从"记"到"忆"，是一个复杂的心理过程，包括识记、保持和再认三个基本环节：识记是识别和记住事物印象的信息；保持是巩固已获取的事物印象的信息；再认是恢复过去事物的印象的信息。

记忆是锻炼口语表达能力必不可少的一种素质，信息材料积累充分，在口语交际时才能脱口而出，滔滔不绝。如果大脑中一片空白，任你伶牙俐齿，也无济于事。因此，交际者要想提高自己的口语表达能力，必须加强有意记忆能力的训练其中最重要的手段就是背诵。

人的记忆是一个包罗万象的大仓库，其储存的信息不可计量。在口语交际中，人们运用的信息绝大多数都来自于记忆的储备。因此，记忆是材料储备的最基本、最重要的方式。

（二）记录

人的记忆是有限的，在生活和工作中，对于一些重要的有关信息，单靠记忆不仅不能满足口语交际的需要，而且可能产生对于交际不利的状况。而记录既可以弥补记忆储备的不足，又可为交际者提供可靠的依据。记录可以采取笔记、札记、卡片等多种形式。我们听别人讲话或阅读别人的文章时，随时可能遇到充满智慧的警句或谚语，因而产生体会或感悟，把这些体会或感悟记在纸上，日积月累，你的谈话资料和题材就会越来越丰富。

（三）摘录

摘录是交际者在查阅中看到与自己的研究、学习、工作、生活等方面有关的有利于自己口语交际的信息材料，将其抄录下来加以储备的一种方式。摘录可以分为原文摘录和要点摘录。原文摘录，主要针对文字简短的格言、警句、妙语等。这种摘录由于是照搬照抄，摘录时不用动脑筋，而且日后引用的价值大，有可靠说服力。要点摘录是将所查阅的图书、文献、资料、报刊等文章中的主要内容、观点，用自己的话写出来，有时也可以将原文中的一些关键词语和句子照抄下来。这种摘录较原文摘录的难度大，摘录者需要动动脑筋，经过一番分析、综合、概括、提炼之后，才能写出来。但不管哪种摘录都必须做到：

（1）读懂内容。只有读懂了，理解了，才能认识其价值，才会产生摘录的欲望，才能提高概括力、综合能力。

（2）认真选择。既然摘录，就不能太多、太杂。应摘录那些确有价值，能为口语表达服务的内容。因此摘录时要认真思考、仔细选择，以实用为目的，不要花费时间去摘一些无用的东西。

（3）准确可靠。这是摘录必须遵循的原则，在日后利用时，不至于产生谬误，忠实于原文、原意。

（4）注明出处。无论摘录什么内容，都要注明篇名、作者、书名、版本、版次、页码等，一是便于自己查阅、核对，二是自己引用后可供别人查阅、核对。

三、精心筛选材料

交际者用心搜集和整理的材料有与表达主题有关，有的可能与主题无关；有的具有典型性，有的则对主题无太大价值。然而交际者不可能将自己储存的材料信息和盘托出，只能选用其中的一部分。究竟用哪一部分，这就要求交际者对材料进行反复筛选。

一般来讲，筛选材料必须遵循以下三个原则：

（一）主题鲜明

主题鲜明是指选择材料必须紧紧围绕主题，为表现主题服务，这是根本的、首要的原则。任何口语交际，都不是毫无目的的交际，交际者总有自己的意图。因此，选择材料时，首先要考虑具体的交际目的和表达主题的需要。凡是能够突出、烘托主题的材料都可以选择；如不能突出主题，即便再生动也不能选用。

在实际运用中，选材不当的原因主要有两点：一是不会分析，看不准材料与主题之间是否确有联系；二是不忍割爱，总以为材料越多越好。

（二）内容丰富、真实、典型、生动

口语表达者在服从主题的前提下，还要注意选择那些内容丰富、真实、典型的材料。在口语交际中，有的人口若悬河、滔滔不绝地讲了半天，结果听众从中获得的信息很少。究其原因，要么是材料的内容不丰富，要么是材料的内容不真实、不典型。

如果说内容丰富是对材料量的要求，那么真实准确、典型生动便是对材料质的要求。

材料真实准确是口语交际具有说服力和感染力的保证。口语表达是一个"真实的社会活动过程"，所以材料必须真实、准确、绝对可靠。一旦失实，哪怕只是一些微小的细节有出入都经不起验证，听众也会产生怀疑，就会减弱甚至完全失去说服力和感染力。例如，有一位青年学者在一次题为《多保留一份绿地》的演讲中引用了以下数据："我国每年出口到日本的一次性木筷达 200 万亿双，折合成木材相当于 40 亿立方米。"从表面看，这一材料非常切题，但是稍有经验的听众很快就会发现，这些数据不可能是真的，因为日本只有 1 亿多人口，如果每年消费 200 万亿双木筷，则平均每人每年消费的木筷将近 200 万双，每人每天消费近 6000 双，这不是十分荒唐吗？

材料的真实性离不开材料的准确可靠，它包括准确的人物、事件、情节、时间、地点、数字和引文等。口语表达所用的材料，必须经过调查、核实，如果条件许可，要尽可能多地使用第一手材料，反对那种以追求"生动"、"吸引人"而搞所谓"合理想象"、"添枝加叶"的做法。

典型生动的材料是指某一类事物中最有代表性的事例或材料。它是具体的，富有鲜明独特的个性，同时又最能体现同一类事物的本质特征和普遍意义。"典型"要求口语表达者以百里挑一的严格态度去遴选材料，"宁吃仙桃一口，不吃烂杏一筐"，真正做到不用则已，一用就能"以一斑窥全豹"、"以一目尽传精神"。

（三）极具趣味性和吸引力

趣味性是指材料要有新鲜感，就是要有新人、新事、新情况，既有动人的情节，能引起悬念，又活泼风趣，具有幽默感。在口语表达中，要想吸引听众、打动听众、感染听众，就要选用新颖的、生动有趣的、寓意深刻的材料，这是达到口语表达者交际目的和表现主题的重要保证。

一般情况下，具有吸引力的材料需要符合以下四个方面要求：

（1）新颖。新颖有三层意思：一是接收者没有听过；二是虽然接收者已有所闻，但是不具体；三是虽然接收者已经知道，但发送者变换了角度和方式。

（2）具体。具体就是不抽象、不笼统，有实实在在的内容。它要求口语表达者少选那些官话、套话、大话、空话，这样的材料只会使接收者感觉味同嚼蜡。

（3）与现实交际相适应。再新颖、具体的材料，如果脱离了现实交际的需要，与现实交际的话题不相适应，也会使接收者不感兴趣。

（4）寓意深刻，能引人深思。有些材料虽然平淡，但由于寓意深刻，接收者听后能在心中产生波动、引起思索。

实训任务

任务　素材搜集

1．实训目的

通过实训，学生应能够掌握搜集、整理等获取材料的主要途径和方法；切实提高自己鉴别和使用材料的能力。

2．实训要求

（1）授课教师要对本次实训任务有整体的把握。

（2）授课教师要对本次实训的任务分配及其对应的分值予以详尽的介绍，如果是分组完成，要做好相应的协调工作。

3．实施过程

（1）课前，请学生在表3-1中选择感兴趣的话题，围绕话题搜集材料，准备说话稿。

（2）上课时，让学生到讲台上演讲。

表3-1　话题

1．我的愿望	16．我的成长之路
2．我的学习生活	17．谈谈科技发展与社会生活
3．我尊敬的人	18．我知道的风俗
4．我喜爱的动物（或植物）	19．我和体育
5．童年的记忆	20．我的家乡（或熟悉的地方）
6．我喜爱的职业	21．谈谈美食
7．难忘的旅行	22．我喜欢的节日
8．我的朋友	23．我所在的集体（学校、机关、公司等）
9．我喜爱的文学（或其他）艺术形式	24．谈谈社会公德（或职业道德）
10．谈谈卫生与健康	25．谈谈个人修养
11．我的业余生活	26．我喜欢的明星（或其他知名人士）
12．我喜欢的季节（或天气）	27．我喜爱的书刊
13．学习普通话的体会	28．谈谈对环境保护的认识
14．谈谈服饰	29．我向往的地方
15．我的假日生活	30．购物（消费）的感受

拓展阅读

第一步　准备

准备白纸一张（A4）、彩色水笔和铅笔。

第二步　在白纸中心圈写下你最想写的两个字词汇

把白纸横放，从白纸的中心开始画圈，周围要留出空白。

在圈内写下你要表达的话题，如"兔子"。然后，以"兔子"为中心发散思维。

第三步　以中心圆延伸画线（首次三根线）

以"兔子"圆为中心，画一些向四周放射的粗线条，最好是曲线，每一条线都使用不同的颜色。这些分支代表你关于"兔子"的主要想法。在绘制思维导图的时候，你可以添加无数根线，但是，因为我们现在只是在做练习，所以我们把分支数量限制在五根以内，现在是三根。

在每一个分支上，用大号字清楚地标上关键词，尽量简练。这样，当你想到"兔子"这个概念时，这些关键词立刻就会从大脑中跳出来。

就像你看到的一样，此时此刻，你的思维导图基本是由线和词汇组成的。那我们怎样才能改进它，充分挖掘这些词汇呢？

第四步　每条线上再画三个圆，并填上相应词汇，依次展开

现在，让我们用联想来扩展这幅思维导图。回到你绘制的思维导图上，看看你在每一个主要分支上所写的关键词。这些词是不是让你想到了更多的词；例如，假如你写下了"寓言"这个词，你可能会想到"龟兔赛跑"、"守株待兔"、"兔死狗烹"等。

根据你联想到的事物，从每一个关键词上发散出更多的分支。分支的数量取决于你所想到的事物的数量，可能有无数个。但是，在这个练习当中，请画出三个分支。

在这些填充的线上清楚地写下每个关键词。用上一级关键词来触发灵感。别忘了在这些分支上再次使用颜色和图形。

现在你已经完成了你的第一幅基本思维导图（图3-1）。你会注意到，即便是在开始阶段，你的思维导图里也已经填满了符号、代码、线条、词汇、颜色和图像，这些都能使你的大脑更高效、更愉快地工作。

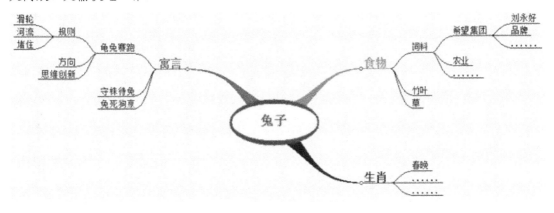

图3-1　"兔子"思维导图

倾听与表达

  如果你要想自己的思维能够很快地组合，找出话题，请把分支连接起来，你会很容易地理解和联想更多的东西，更主要的是，你会找到很多想要说的话题。这就像一棵茁壮生长的大树，树杈从主干生出，向四面八方发散，你会找到所要说的话题，更主要的是，你能找到你想要表达话题的主线，就像风筝一样，虽然飞得很高、很远，但始终围绕一条主线。例如，说到"兔子"的话题，你可以说到历史人物，可以谈创业，可以说"春晚"等，虽然说了很多，谈的很远，但当你需要掉头回来时，可以沿着主干再找回。这样就不会让听众感觉偏离了主题，所谓"形散神不散"就是这个道理。

  当你拥有发散思维的时候，你不妨小试牛刀，大胆放开自己的喉舌，讲出自己的独到见解。好了，你可以准备三分钟演练了。这是一次突破，也是一个跨越，如果你能明白你感到无话可说的根本原因是材料太过集中，太过于就事论事，那么，你就找到问题的解决方法了。

第四章 口语表达的语音、语调

学习目标

通过本章的学习,学生应能够掌握口语表达中语音、语调的运用方法,提高口语表达的准确性和技巧性,通过口语更加精准地抒发真实的感受。通过对不同语音、语调的把握和应用,更正确地将自己的真实情感传达给倾听者。

案例导入

波兰有位明星,人们都称她为摩契斯卡夫人。一次她到美国演出时,有位观众请求她用波兰语讲台词。于是她站起来,开始用流畅的波兰语念出台词。观众们虽然不了解她台词中的意义,却觉得听起来令人非常愉快。摩契斯卡夫人接着往下念,语调渐渐转为低沉,最后在慷慨激昂时戛然而止。台下的观众鸦雀无声,同她一起沉浸在悲伤之中。而这时,台下传来一个男人的笑声,他就是摩契斯卡夫人的丈夫——波兰的摩契斯卡伯爵,因为他的夫人刚刚用波兰语背诵的是九九乘法表!

在与他人的交流对话中,语音和语调是非常重要的,通过声带的不同振动方法,借助自己的声音,表达出丰富的情感,可以是兴奋的温和的也可能是沮丧的和愤怒的,甚至可以从中看出一个人的个性,如骄傲、自卑、热情、严谨等。

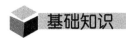

一、语音、语调的高低

1. 引吭高声

高亢的语音、语调往往更能吸引他人的注意力。在提问、回答、受到惊吓、发出号召、表示愤怒、下达命令等情境下,人们普遍选择使用高亢的语音、语调。在使用高亢的语音、语调时,人的语速也会下意识变快。

高亢的语音、语调通常是以激扬的情绪为基础的。最基本的高亢发声如吼叫、哭喊、大笑,在口语表达中倾注这类激扬情绪,会使表达有强烈的吸引力,但在表达中要注意控制,过度激扬的情绪会引起倾听者的反感。

2. 娓娓道来

平缓、柔和、低沉的语调能够安抚他人的心灵，在一些庄严肃穆、踌躇不定、冷漠、思考、回忆的情境下，人们的语调会随着情绪节奏的放慢而不自觉地变得平缓、低沉、柔和，语速也随之变慢。

平缓的语音、语调建立在低迷或沉静的情绪基础之上。最基本的平缓表达有来自叹息或疑问类的发语词。倾注这类偏低的情绪，会使表达变得清晰、诚恳、严肃、温和。虽然不像高亢的语音、语调那样有强烈的吸引力，却能够让周遭不自觉受到这类平缓情绪的感染。在表达中要注意控制时间，长时间的讲述会使倾听者注意力涣散。

3. 高低有致

大多数时候，人的情绪会有起伏，不会长时间维持高或低的情绪状态，而是有激扬，也有沉静，有热情，也有冷漠。在表达有起伏、有变化的复杂情感时，要注意随着情绪的高低转换语音、语调。

高低有致的口语表达能够传达最完整的情感。在这类口语表达中，要注意让情绪的转换有自然的衔接，有适当的过度，起伏过大的情绪转换或过于生硬的高低变化也会对倾听者产生一定的不良刺激。

二、语音的音色

（一）音色对表达的作用

在日常生活中不难发现，一些以使用声音为主的特定职业，除了对发声者的表达能力有很高的要求外，对其音色也有很高的要求，男性的电视、电台节目主持人、配音员通常要求声音磁性、低沉，或富有辨识度，如配音演员李阳为经典角色唐老鸭和孙悟空的配音就让许多观众过耳不忘。女性电视、电台节目主持人、配音员等则要求声音甜美、柔和，或富有辨识度。声音好听的传达者更容易被倾听者接受。

（二）音色的先天性和后天性

动听的音色有一半来自于先天，但声音也是富有可塑性的，例如，以京剧演员为代表的涉及音乐的从业者通过专业的练嗓，能够发出原本无法发出的动听声音。在口语表达中，通过改变发音习惯、适当调整声带的发声部位等方法，也可以使音色变得更加动听。需要指出的是，不少人长期使用错误的发声方法，久而久之，声音变得嘶哑，这是所有注重语言沟通的人都要注意避免的一个问题。

（三）音色美的基本标准

1. 正确清晰

发音正确。不读别字。不用直译方式将方言变成蹩脚的普通话。吐字清楚明晰，不含含糊糊，有正确的停顿和适当的节奏。

2. 明快清脆

说话要开门见山，心口一致，不故弄玄虚。声音要干脆利索，爽利痛快，不拖泥带水。

3. 圆浑清亮

如果说"正确清晰"是要求声音表达科学化，那么，"圆浑清亮"则是要求声音表达要艺术化。其内涵主要是指声音流畅自然，圆浑雄厚，悦耳动听，有滋有味。

4. 富丽清新

富丽清新指声音既要富于变化，丰富多彩，又要清爽新鲜，生动活泼。

5. 坚韧清越

坚韧，是指声音坚实、耐久、有力、有始有终。清越，是指声音宛转悠扬，能给人留下深刻的甚至是难以磨灭的印象。

三、语调的抑扬顿挫

（一）重音和轻音

语句中有重音和轻音，即"抑扬顿挫"中的"抑扬"。主要是指对特定字词咬字和发声的加重和变轻。需要特别强调的字词多用重音，需要营造渐隐效果、让表达效果弱化时多用轻声。当然，只是单纯地把说话音量放大和把咬字加重是不够的，同时还要对情感进行一定程度的收与放，"抑"时情感要"收"，"扬"时情感要"放"。

在词语中，重音是比较固定的、有规律的。读音按轻重程度可分为重、中、轻三个等级。两个字的词语有"重轻"格式，如"中国"、"安徽"、"玻璃"、"白菜"、"高度"等；还有"中重"格式，如"改革"、"红旗"、"人民"等。三个字的词语中只有"中轻重"一种格式，如"北京站"、"辅导员"、"文化宫"、"国务院"等。四个字的词语，其基本格式是"中轻中重"，如"自力更生"、"天经地义"、"刻苦钻研"等。

语句重音，常用的是语法重音。它是指句子中不同的语法成分读音轻重不一，其中有的句子成分要读得重些。例如，谓语一般要比主语读得重些，如"同志们辛苦了！"、"中华人民共和国成立了！"、"让我们一起干一杯！"。

此外还有逻辑重音，又称作强调重音，是根据说话的目的和重点，有意将某些词或词组读得重些，如"香港一定会回归祖国"、"我自豪，我是一名军人的妻子"等。同一句话，重音不同，意思也就有所不同。例如，"我请你喝茅台酒"，如果重音是"你"，那么强调的是请客的对象；如果重音是"茅台酒"，强调的是喝的东西；如果重音是"我"，强调的则是请客的主人。

重音处理的关键在于选择好重音词，一般是选择说话者想着意强调，以示区别之处加以重读。

应当注意的是，重音切忌过多，如重音过多，一是显示不了孰轻孰重，二是会加重朗诵者与听众双方的疲劳。

倾听与表达

（二）说话的停顿

说话的停顿即"抑扬顿挫"中的"顿挫"。顿挫的作用在于给表达制造了节奏感和层次感，也让倾听者有了通过表达节奏的间隙与说话者进行沟通交流的空间。

1. 换气停顿

人的正常呼吸一般 4~5 秒一次，由于换气的需要，在表达过程中必然要有停顿，这种停顿即换气停顿。特别是有些长句，中间没有也不应有标点符号，但一口气却无法说完，必须酌情进行换气停顿。

换气停顿要恰当，必须服从内容和思想感情表达的需要，不能随心所欲，想在哪里停顿就在哪里停顿。有些句子如果在不同的地方停顿，会有不同的意义，甚至会完全相反。

2. 语法停顿。

语法停顿是根据句子的语法结构所作的停顿，即根据标点符号进行时间长短不一的停顿，停顿时长的关系为句号＞冒号＞分号＞逗号＞顿号。至于省略号、破折号、感叹号、问号等，要根据其使用的语境来确定停顿时间的长短。另外还有章节停顿、段落停顿、句群停顿、句子停顿等。

3. 逻辑停顿

逻辑停顿，是指在朗诵过程中为了表达某种感情，强调某一观点或概念，突出某一事物或现象，在句中没有标点符号的地方作适当的停顿。逻辑停顿不同于前两种停顿，最小单位常常是一个词。需要强调和突出的内容不同，停顿的位置也有所不同。逻辑停顿仍然要受语法停顿的制约，一般是在较大的主语和谓语之间，动词和较长的宾语之间，较长的附加成分中心词之间，较长的联合成分之间作逻辑停顿。

4. 心理停顿

心理停顿又称感情停顿，它没有固定的模式，既可以在句子开头停顿，也可以在句子中间或结尾停顿。前几种停顿，停顿的时间都较短，最长几秒，而心理停顿可短亦可长，短则几秒，长则几十秒，甚至几分钟，由表达者根据所表达的内容或情感的需要自行设计和掌握，运用得好，可以产生很强的艺术效果。

（三）说话的节奏和语速

在表达中，尤其是用时较长的表达，应保持一定的节奏和速度。停顿富有规律，语速与情绪调整相配合，但要以能够将情感和思想准确传达给倾听者为前提。混乱的表达节奏会降低倾听者的注意力和理解力，过快或过慢的语速也会造成表达不清晰、表达效果差等后果。口语表达如同唱歌，匀速的"演唱"才是最动听的，没有稳定节奏和速度的"歌"是吸引不了"歌迷"的。

节奏与速度有密切的联系，但又不是等同的。节奏不单是一个速度问题，还节奏是一种有秩序的、有规律的、协调的变化过程。

在表达过程中，节奏大体有以下这些：结构的疏与密，内容的详与略，情节的起与伏，情感的激与缓，声调的扬与抑，音量的大与小，态势的动与静，速度的快与慢，语流的行与止，过程的长与短等。综合运用这些要素，便会形成节奏，形成有声语言的乐章，激荡听众的情感，启迪听众的思维，引发听众的共鸣，从而鼓舞听众，感召听众。

实训任务

任务一 语音、语调的高低变化训练

1. 实训目的

通过实训，学生应掌握如何通过语音、语调的高低转换表达不同的情感。让学生了解高音和低音所适合的情绪和场合。

2. 实训要求

（1）授课教师要对本次实训任务有整体的把握。

（2）授课教师要对本次实训的任务分配及其对应的分值予以详尽的介绍，如果是分组完成，要做好相应的协调工作。

3. 实施过程

1）呼吸练习

（1）拿一个有淡淡香味的道具（如水果、鲜花等）练习深吸气。

（2）在一张纸上撒上粉尘，然后将其吹散，如此反复。

2）音阶练习

按最基本的"do re mi fa so la si"反复进行升调和降调练习。

3）语调练习

用疑问、嘲讽、关切、惊吓、愤怒5种情绪说出"你怎么啦？"。

4）情境模拟

（1）情境设置。

① 高升调：句子的语势由低到高。一般表示惊讶、疑问、反诘、呼唤、号召等。

情境1：家长发现孩子成绩下降。

情境2：你作为推销员在超市推销降价西瓜。

② 降抑调：句子的语势由高到低。一般表示肯定、感叹、恳求、自信、祝愿等。

情境1：请室友帮你带一份饭。

情境2：参加考试前对自己进行肯定和鼓励。

③ 平直调：整个句子语势平稳舒展，没有明显的高低变化。一般用于陈述、说明、解释，表示严肃、庄重、平静、冷漠、悼念等。

情境1：向来你的学校参观的朋友说明如何从火车站乘坐公交车到达学校。

情境2：你作为班长，在班会上进行比较严肃的开场发言。

④ 曲折调：句子的语势曲折变化，有起有伏。一般用来表示夸张、讽刺、幽默等。

倾听与表达

情境1：用夸张的语言形容现在你左手边的同学。
情境2：给在场所有人讲一个冷笑话。
（2）操作方法及要求。
① 学生任选情境，结合给出的语调进行合理想象及练习。
② 每人发言不少于3句话。
③ 训练过后，教师或其他学生进行点评，训练者自评。

任务二　音色改善训练

1. 实训目的

（1）通过实训，学生应能够通过改变音色，提升自己情感的感染力。
（2）让学生掌握正确的发声方式和共鸣方法。

2. 实训要求

（1）授课教师要对本次实训任务有整体的把握。
（2）授课教师要对本次实训的任务分配及其对应的分值予以详尽的介绍，如果是分组完成，要做好相应的协调工作。

3. 实施过程

1）规范发声

（1）读准音节。

按普通话的构成要求把汉字音节的声母、韵母、声调读准，进而读准每个常用的音节。读准每个音节，不等于语音就规范了，还要进行进一步的训练，以便听众对你讲出的每一个字词都能听得真切。

（2）协调音节。

适当多用双音节词、四音节词讲话或练习朗诵，可以增强语言的响度和节奏感，读起来朗朗上口，听起来优美悦耳。

运用拟声词、象声词也是使音节协调的一种方法。它既可以使被表述的事物形象生动，又可使声音和谐，达到声与形的有机统一，增强语言的表现力。

（3）韵调和谐。

这里所说的"调"，是指声调。汉字一字一个音节，每个音节又有四声之分，如果声调搭配得好，就可出现高低抑扬、急缓起伏之情势。

平声字和仄声字交错使用，可以形成声音的抑扬相应，高低相配，急缓相间，起伏相连，从而使声音刚柔相济，韵调和谐。

2）共鸣练习

（1）胸腔共鸣练习。读下列词语：暗淡　反叛　傲慢　发展
（2）鼻腔共鸣练习。读下列词语：妈妈　买卖　弥漫　隐瞒
（3）口腔共鸣练习。读下列词语：澎湃　喷泉　批判　品牌

反复诵读以上词语，体会共鸣腔的震动，与自身平时的共鸣腔进行对比。

第四章 口语表达的语音、语调

3）情景模拟

（1）找一段配乐诗朗诵，模仿朗诵者的声音。（至少2人一组完成这一情境）

（2）找一段配音动画，模仿配音员特色鲜明的声音。（至少2人一组完成这一情境）

（3）假设你是中国移动的客服人员，有一个喝醉酒的客户（教师扮演）打了电话进来情绪十分激动，试着安抚他。

任务三　学会抑扬顿挫

1. 实训目的

通过实训，学生应掌握如何有节奏、有层次地表达，使表达效果更上一层楼；掌握停顿的时机和表达过程中的重点词句如何强调。

2. 实训要求

（1）授课教师要对本次实训任务有整体的把握。

（2）授课教师要对本次实训的任务分配及其对应的分值予以详尽的介绍，如果是分组完成，要做好相应的协调工作。

3. 实训过程

（1）学生四人一组，进行诗歌朗诵（诗歌长度不少于20行），朗诵结束后由教师进行点评。

（2）找一篇演讲稿，圈出其中可以停顿获取掌声或回答提问的地方。

拓展阅读

心理学家认为，声音决定了你38%的第一印象。当人们看不到你时，音质、音调、语速的变化和表达能力决定你说话可信度的85%。

声音由体内器官发出，反映着人体的很多状态，如情绪、情感、年龄、健康状态、喜好等。有人说"声音是人的第二张名片"，声音能折射出人的内心世界。声音是身体最美的旋律，它自然天成，魅力持久，而且可以在后天的努力之下越来越美。

不少人看过《窈窕淑女》这部电影，说的是一个卖花的乡村女孩被培养成贵夫人的故事。她的训练是从哪里开始的？从语言开始，改掉地方俗语和口音，跟着留声机上的唱片一遍又一遍地训练语音和语调，之后才是着装、姿态、社交礼仪训练。

通过声音不仅可以感知对方的年龄、性别、职业、相貌，还可以感知性格、思想、情感和态度。声音可以为人们预留无尽的想象空间。

在20世纪七八十年代，有一部叫《佐罗》的电影广受欢迎。当时，很多中国女性特别喜欢这部影片，除了受佐罗英俊潇洒的形象影响外，配音演员童自荣华丽而充满儒雅贵族气质的声音也起了关键性的作用。童自荣既不是佐罗，更不是影片中的骑士，可是，即便你从来没有见过童自荣，你也会把他想象成一个帅气十足、风流儒雅的男士，这就是声音的力量。

在日常生活中，我们应该恰当地运用"声音形象"，运用得好，你的生活和事业可能会越来越好；运用得不好或不注意自己的"声音形象"，很可能会为你带来负面的影响。

在运用声音塑造形象时，需要注意语言表达要带有真实的情感，要把生活和感悟融入声音中，把真切感受传递给你的谈话对象。

第五章　口语表达的修辞

学习目标

通过本章的学习，学生应该能够在口语表达中灵活运用修辞手法，让口语表达更富有内涵，更加生动、幽默，让倾听者如临其境。

案例导入

周恩来总理不仅是我国著名的政治家，也是享誉国际的外交家，他的许多外交小故事都体现着这位风度翩翩的总理的智慧和幽默感。

美国代表团访华时，曾有一名官员当着周总理的面说："中国人很喜欢低着头走路，而我们美国人却总是抬着头走路。"此语一出，震惊四座。周总理不慌不忙，面带微笑地说："这并不奇怪。因为我们中国人喜欢走上坡路，而你们美国人喜欢走下坡路。"

一位美国记者在采访周总理的过程中，无意中看到总理桌子上有一支美国产的派克钢笔。那记者便以带有几分讥讽的口吻问道："请问总理阁下，你们堂堂中国人，为什么还要用我们美国产的钢笔呢？"周总理听后，风趣地说："谈起这支钢笔，说来话长，这是一位朝鲜朋友在抗美援朝中的战利品，他把这支钢笔作为礼物赠送给我。我无功受禄，就拒收。朝鲜朋友说，留下做个纪念吧。我觉得有意义，就留下了这支贵国的钢笔。"美国记者一听，顿时哑口无言。

周恩来的外交辞令充满智慧和幽默感，离不开他对各种修辞手法的巧妙运用。在口语表达中，巧妙地运用修辞，会产生意想不到的效果。

基础知识

在口语表达中，语法解决通不通的问题，逻辑解决对不对的问题，修辞解决好不好的问题，如语言是否简明、连贯、得体，以及各种修辞方法的运用等。对于修辞的认识，绝不仅限于修辞方法。它的内涵远比修辞方法丰富得多。

一、常见的八种修辞手法

1. 比喻

比喻是用具体常见的事物、情境或道理来比方抽象、生疏的事物、情境或道理的修辞方法,可使口语表达形象、生动,把抽象的事理具体化、形象化。例如,著名作家钱钟书当年拒绝新闻采访时曾用过一个绝妙的比喻:"假如你吃了个鸡蛋,觉得好吃就行了,何必要看生蛋的鸡是什么模样?"钱钟书先生将自己的作品比作"鸡蛋",把自己比作"生蛋的鸡",直观而幽默,对自己不接受采访进行了合理地解释,用这种直观而不失幽默的方法巧妙地拒绝了记者。

2. 拟人

拟人是拟物为人,把事物人格化,使事物和人一样有感情、有行为的一种修辞方法。拟人的修辞手法能够增强语言的亲切感、形象性,使读者感到栩栩如生,往往有十分鲜明的情感色彩。

传说朱元璋做了皇帝后,有两个从前的穷朋友来见他。因两人说话的方式不一样,他们的命运也各不相同。其中一人和朱元璋一见面,就直通通地说:"我主万岁!还记得吗?从前,你我都替人家看牛。有一天,我们在芦花荡里,把偷来的豆子放在瓦罐里煮着。还没等煮熟,大家就抢着吃,把罐子都打破了,撒了一地的豆子,汤都泼在泥地里,你只顾从地上抓豆子吃,却不小心连红草叶子也送进嘴去。叶子哽在喉咙口,苦得你哭笑不得。还是我出的主意,叫你用青菜叶子放在手上一拍吞下去,才把红草叶子带下肚子里去……"

朱元璋嫌他太不顾全体面,等不得听完就连声大叫:"推出去斩了!推出去斩了!"

另外一个穷朋友也来到皇宫,和朱元璋见面后,说道:"我主万岁!当年微臣随驾扫荡芦州府,打破罐州城,汤元帅在逃,拿住豆将军,红孩儿当关,多亏菜将军。"同样一件事,朱元璋听他说得好听,心里高兴,就立刻封他做了御林军总管。

第二个人巧妙地运用了拟人、夸张和双关的修辞手法,将故事尽可能地美化,但又不失其本质,迎合了倾听者的心理期待,自然也就取得了出色的表达效果。

3. 夸张

夸张即为了更突出某一事物,运用丰富的想象对其形象、特征、作用、程度等作传神的扩大或缩小描述的修辞方法。运用夸张的修辞手法,运用了夸张的修辞手法,可以增强口语表达的形象性,突出事物的特征或在增强读者对作者的理解上起积极作用。

相传,北宋大文豪苏东坡脸长,其妹出句嘲笑他:"昨日一滴相思泪,今日方流到腮边。"而其妹额头大,苏东坡当场反唇相讥:"莲步未离香格下,额头已到画堂前。"

两人运用夸张的手法,针对对方的外貌特征,巧妙地进行了戏谑。在一些日常交流中,运用夸张手法能够让倾听者更清晰地感受到表达者话语中强烈的感情和对事物特征的把握。

4. 排比

排比即把内容紧密关联、结构基本相同或相似、语气基本一致的三个或三个以上的句子或短语递相排列,用来表达相近或相关语意的修辞方法。运用排比的修辞手法,能够把复杂的内容表达得比较集中、透彻、感情强烈,使气势贯通、流畅,使形式整齐,音节响亮。例如,很多同学儿时做游戏都唱过"你拍一,我拍一"的童谣,这类歌谣或俗语,因篇幅较长,就利用排比手法降低记忆的难度,且通过押韵,使语言朗朗上口,音律动听,广为流传。

倾听与表达

5. 对偶

对偶即用结构相同、字数相等、内容关联的一对短语或句子来表达两个相对或相近的意思的修辞方法。从形式上看句式整齐,增强了语言的形式美;从内容上看,凝练集中,概括力强,也使音韵和谐,节奏鲜明,朗朗上口,意义严谨而又富有表现力。我们常说的成语"只许州官放火,不许百姓点灯"就是一个典型的对偶句,通过正反对比,无须增加点评或抒情就可以表现出明确的情感倾向,这正是对比产生的矛盾和反差营造出的表达效果。

6. 反复

反复即根据表达的需要,使同一个词语或句子一再出现的一种修辞方法,包括连续反复和间隔反复。运用反复的修辞手法,可以强调突出某一事物,表达绵绵不断的情思,或加强语气,突出感情。

一天,郑板桥去茶馆喝茶,店小二看他穿得简朴,随便说了句"坐",柜台见有人说"茶"。当他拿出银锭的时候,小二眼睛一亮,改口说"请坐",柜台应声"上茶"。此时店内有人认出郑板桥,过来打招呼,小二慌张了,赶紧鞠躬说"请上坐",柜台也提高嗓音:"上好茶。"老板亲自过来伺候并恭恭敬敬地请他留下墨宝,郑板桥挥笔写下"坐请坐请上坐,茶上茶上好茶"。郑板桥利用反复和对偶,通过反复重复"坐"和"茶",巧妙地对店家的趋炎附势之态进行了讽刺。

7. 设问

设问即先提出问题,紧接着把自己的看法说出来的修辞方法。利用设问的修辞方法可以突出表达的重点,增强语言气势,引起倾听者注意,发人深思,有助于更好地抒情论理;同时可产生生动、不呆板的传达效果。

有一次,英国作家狄更斯正在钓鱼,一个陌生人走到他跟前问:"你在钓鱼?"、"是啊!"狄更斯毫不迟疑地回答:"今天,钓了半天,没见一条鱼;可是昨天,也是在这个地方,却钓到了十五条鱼!"、"是吗?"陌生人又问,"那你知道我是谁吗?我是专门检查钓鱼的,这段江上是严禁钓鱼的!"说着,那陌生人从口袋里掏出一本罚款簿,要记下名字罚款。见此情景,狄更斯连忙反问:"那么,你知道我是谁吗?"当陌生人惊讶之际,狄更斯直言不讳地说:"我是作家狄更斯。你不能罚我的款,因为虚构故事就是我的职业。"狄更斯通过设问,自己提问后自己做出了解释,回答得十分有理有据,充满幽默感,巧妙地避过了一次罚款。

8. 反问

反问即用疑问的形式表达确定的意思,以加强语气的一种修辞方法。它的特点是用肯定的语气表达否定的内容;用否定的语气表达肯定的内容。利用反问的修辞手法,可以增强语言气势,使确定的意思得到增强,富有感染力。

古希腊有个聪明人,名叫伊索。他写过很多寓言。一天下午,他在村外大路上散步,一个过路人向他问路:"尊敬的先生,我从这儿走到城里还要走多少?"伊索回答说:"走!"

过路人说:"我知道,我要走的,但是,我想知道还要走多久才能到城里。"伊索大声喊道:"走!"过路人非常生气,心想,这个人肯定是个疯子,于是他就走了。

突然，他听见伊索喊他说："你在太阳偏西时就可到达城里。"

过路人感到奇怪，他又跑回来问伊索："你刚才为什么不告诉我呢？"伊索说："我不知道你走路的速度，怎么能告诉你需要走多少时间才能到达呢？"

伊索不正面回答问题，而是在最后通过反问路人，为自己的行为和目的做出了解释。答案就包含在问句中，能够让表达的语气更加强烈，也可以体现出反问者对事情的态度。

二、口语表达中修辞格运用的注意事项

（一）容易混淆的修辞格

1. 比喻和比拟

比喻和比拟，都是加强语言形象性的修辞手段，但它们是两种不同的修辞方式。

（1）性质、作用不同：比喻强调的是甲乙两物的相似性，是用喻体比方本体，重点在"喻"。而比拟却是仿照拟体（被模拟的事物）的特征摹写本体，重点在"拟"。

（2）句式结构不同：比喻句由本体、喻体和喻词三部分组成。借喻虽然不出现喻词和本体，但可以变换为有喻词和本体的明喻、暗喻。不管是哪一种比喻，始终都有喻体；比拟句主要是借助想象，将本体模拟为人或物的某种行为、动作或情态，不论是拟人还是拟物，始终都无拟体。

2. 借喻与借代

借喻和借代都是以借体代本体，本体不出现。它们的区别有两点：

（1）借喻重在比方，可换成明喻；借代重在指称，不能换成明喻。

（2）借喻的本体和喻体之间具有相似性，借代的本体和借体之间具有相关性。

3. 排比与对偶

排比与对偶的区别主要有以下三点：

（1）排比是三项或三项以上的连说，而对偶则是两项的对说。

（2）排比中常含有反复出现的词语，对偶中则力求避免同字反复的现象。

4. 设问与反问

设问和反问都是"明知故问"，在这一点上，它们不同于疑问句。二者的主要区别是：设问自问自答，有问必答；反问则可以不答，实际上一般也不需要作答，但是答案已十分明确。

（二）几种修辞格的联合运用

在实际运用中，往往将几种辞格结合起来使用。形式可以分为套用、连用和兼用三种。

（1）套用：一种辞格里面包含着别种辞格。例如：

它是站在海岸遥望海中已经看得见桅杆尖头了的一只航船，它是立于高山之巅远看东方已见光芒四射喷薄欲出的一轮朝日，它是躁动于母腹中的快要成熟了的一个婴儿。（排比中

套用暗喻）

（2）联用：一个语句中连续运用几种辞格，既不彼此相融，也不互相包含。例如：

"忽如一夜春风来，千树万树梨花开。"霎时间，东西长安街成了喧腾的大海。（连用了引用、比喻）

（3）兼用：一种修辞方式兼有两种或几种辞格。例如：

泪添九曲黄河溢，恨压三峰华岳低。（对偶、夸张、比喻）

三、口语表达中语言要素对修辞效果的影响

在口语表达中使用修辞，大方向上和书面作品使用修辞没有差别，但不能忽视的一点是语言要素对修辞效果的影响。

1. 语境的制约

在口语表达中，倾听者首先注意到的是说话者的声音及其变化，也可以说是语言的一种修辞。通过轻重音、语气、语调、节奏、方言、平仄、儿化音、谐音、押韵等手法，即使是同一句话，被不同的人用不同的语言修辞修饰过后说出来，产生的交流效果也是完全不同的。

除了语言的修辞，口语在词语上的选择必然要比书面语更加通俗易懂，更加顺口易读。口语表达灵活、快速、即时的特征，也决定了在词语的选择上不可过于复杂。那些能够直接反映出内心情感活动和思考逻辑的用词才是首选。此外，对俗语、谚语、歇后语的使用也会让口语表达在修辞上和通俗性上有所完善。在句式的使用上，口语很少使用结构复杂的长句，多为短句、散句，以防倾听者在理解能力方面跟不上。

2. 民族文化底蕴的影响

受到语境和一些其他文化因素的制约，口语表达中的修辞效果通常是朴实的、接地气的、浅显的。但这并不会减少口语表达中所蕴含的深厚民族文化。中国数千年的历史积淀，造就了人们与生俱来的口语表达倾向。在中华文化底蕴之上，口语表达的一字一句，无不映照着中华民族厚重历史文化带来的深刻影响。

在口语表达中，任何修辞的使用，都必须符合民族审美原则，必须产生符合民族文化心理预期的修辞效果。

3. 其他因素的影响

第一是事理、逻辑。内容要合情合理，要符合思维规律。

第二是规矩、习惯。要符合当地的语言习惯和语法习惯。

第三是情味、色彩。即语体风格要合适，感情色彩要对头。

第四是声音、语气。就是读起来要顺口，听起来悦耳，口气合适。汉语音节分明，并且有声、韵、调之分，这些语音特点为修辞提供了很好的条件，除了可以直接构成拟声、谐音等修辞方式之外，还使语言节奏鲜明，音调铿锵，有很强的音乐感。

第五章 口语表达的修辞

实训任务

任务一 口语修辞的基础巩固训练

1. 实训目的

通过实训,学生应了解口语修辞和书面语修辞的差别。

2. 实训要求

(1)授课教师要对本次实训任务有整体的把握。

(2)授课教师要对本次实训的任务分配及其对应的分值予以详尽的介绍,如果是分组完成,要做好相应的协调工作。

3. 实施过程

(1)让学生辨认著名广告语中的修辞手法。

(2)假设你是广告中的人物,设计其他语言表达广告的效果。

任务二 修辞能力的培养

1. 实训目的

通过实训,学生应提高想象力和创造力。

2. 实训要求

(1)授课教师要对本次实训任务有整体的把握。

(2)授课教师要对本次实训的任务分配及其对应的分值予以详尽的介绍,如果是分组完成,要做好相应的协调工作。

3. 实施过程

(1)学生轮流讲述一个荒诞不经的梦,真实发生或编造的都可以。

(2)全体师生进行评判,评选出"最佳创意人"。

任务三 口语修辞使用的练习

1. 实训目的

通过实训,学生应掌握口语表达中修辞手法的运用方法,使表达更加生动丰富,内涵深刻。

2. 实训要求

(1)授课教师要对本次实训任务有整体的把握。

(2)授课教师要对本次实训的任务分配及其对应的分值予以详尽的介绍,如果是分组完成,要做好相应的协调工作。

3. 实施过程

(1)学生以小组为单位,站成一个圈。

倾听与表达

（2）用八种常用修辞手法描述你右手边同学的某种特征，性格特征、外貌特征皆可。

（3）内容不得重复，如不得两次将女同学比作花朵。

拓展阅读

赵本山可谓是"春晚"中的"小品王"。这一方面与赵本山本身的表演才华密不可分，另一方面也与他的小品语言采用的修辞方法有很大关系。

1. 仿拟手法

在小品《昨天•今天•明天》中，有以下两段对话：

（1）宋丹丹："这是我老公"。赵本山："这是我老母"。

（2）宋丹丹："是啊，人家倪萍都出本书叫《日子》，我这本书就叫《月子》。"

这两句段话都采用了仿拟的修辞格：

（1）"老母"仿"老公"

（2）"《月子》"仿"《日子》"。

这些仿拟手法，都是对平时非常熟悉的词语加以改造而成的，显得生动活泼，诙谐风趣，把人物形象和性格刻画得栩栩如生，具有强烈的讽刺性和幽默性。赵本山小品的仿拟手法，可以营造轻松的气氛，使观众产生极大的兴趣。

《昨天•今天•明天》还有以下对话：

崔永元："剪彩时的情况呢？"

宋丹丹："相当热闹，那场面，真是锣鼓喧天，鞭炮齐鸣，红旗招展，人山人海。"赵本山："跑到养鸡场剪彩，剪完了就得禽流感了。死了一万只鸡，人家送她一个外号叫'一剪没'。"赵本山仿《一剪梅》歌曲名很恰当，形象地把仿拟手法运用到了小品之中，产生了强烈的艺术效果。

仿拟手法若用在广告中可以增强语体的美感，增强广告的吸引力，引起消费者的购买欲望；仿拟手法用在相声小品中可以增强语言的新奇感和生动感，产生强烈的幽默效果；仿拟手法用在文学作品中可以使语言简洁精练，表意准确，而且有助于揭示事物的矛盾对立，增强概括力，并使语言明快犀利，赋于幽默感，具有讽刺色彩。

2. 曲说手法

为了增强表达效果，赵本山小品中经常采用"曲说"的修辞格。所谓"曲说"就是为了言语表达的生动，故意对某个词语的意思作曲意的解释，借题发挥，使话语诙谐幽默，增加话语的轻松愉快感。这种真真假假、似是而非的话，是特定的交际环境所允许的、所需要的，如"秋波"，就是"秋天的菠菜"（《昨天•今天•明天》）。类似的例子还有将"猫步"解释为"猫在散步"（《红高粱模特队》）；将法国总统"戴高乐"曲解为"大总统给他戴高帽他也乐啊"（《过年》）；将快餐名"麦当劳"曲解为"麦当娜的妹妹"（《钟点工》）；将"奥运火炬手的腿"简称为"火腿"（《奥运火炬手》）；将"专机"解释为"拉砖的拖拉机"（《小崔说事》）等。

双关是一种正偏离，也属于曲说手法，它能够提高表达效果。在小品《昨天•今天•明天》中，宋丹丹："啊，白云，黑土向你道歉，来到你门前，请你睁开眼，看我多可怜。今天的我们怎样重复昨天的故事，我这张旧船票还能否登上你的客船。崔永元："大叔啊，那后来怎么样了？"赵本山："涛声依旧了。"台词巧妙地运用了家喻户晓的歌曲《涛声依旧》及其歌词 "今天的我们怎样重复昨天的故事，我这张旧船票还能否登上你的破船"来表明黑土和白云的婚姻关系在小波浪之后回归平静。歌词和歌名是表层意思，希望恢复稳定的婚姻关系是里层意思。如此表里相应，含蓄又不失幽默，让人捧腹大笑，回味无穷。

3. 押韵手法

"适才我一进你们公司大门口，好几个人把我给围上了。有的递烟，有的点头，有的哈腰，有一个女的长得挺漂亮，个儿挺高，说啥要给我当秘书兼保镖。说话眼睛还冲我瞟，把我心瞟得乱七八糟。"（1995《牛大叔提干》）

"改革春风吹满地，中国人民真争气，齐心合力跨世纪，一场大水没咋地。"（《昨天•今天•明天》）

上面几句话读起来朗朗上口，调和动听，让人感触到语言绕来绕去的乐律美。押韵能渲染气氛，增强感染力，增加读者听觉上的美感，便于记忆，利于流传。

第六章 口语表达的态势语言

学习目标

通过本章的学习,学生该能够在口语表达中正确地使用态势语言,掌握规范的行为礼仪,通过行为的辅助,让口语表达变得更有表现力和说服力。

案例导入

快到飞往巴黎的航班的登机口时,我们从一路飞奔变为一溜小跑。飞机尚未起飞,但登机通道已经关闭。登机口的工作人员正在平静地整理着票根。登机口到机舱口之间的登机桥已被收起。

"等等,我们还没登机!"我喘着气喊道。

"抱歉,"登机口工作人员说,"登机时间已过。"

"可我们的转乘航班10分钟前才刚到。他们答应我们会提前打电话通知登机口的。"

"抱歉,登机口一旦关闭,任何人都不能登机。"

我和男友走到玻璃窗前,简直无法相信这个结果。我们长长的周末眼看就要化为泡影。飞机就停在我们眼前。太阳已经落下去了,两名飞机驾驶员微微下倾的脸庞正映照在飞机仪表板通明的光亮中。飞机引擎嗡嗡的轰鸣声越来越急促,一个家伙拿着一根亮亮的指挥棒不慌不忙地出现在机场跑道上。

我想了一会儿,然后领着男友来到玻璃窗正中间的位置,这个位置正对着飞机驾驶员座舱。我们站在那儿,我全神贯注地注视着飞机驾驶员,希望引起他们的注意。

一名飞机驾驶员抬起了头,他看到我们可怜兮兮地站在玻璃窗前。我直视着他的眼睛,眼里充满了悲伤和哀求。我把行李包扔在脚下。我们就这样站在那儿,那一刻好漫长,时间仿佛都凝滞了。最后,那名飞机驾驶员的嘴唇动了几下,另一名驾驶员也抬起了头。我又紧盯着他的眼睛,只见他点了点头。

飞机引擎嗡嗡的轰鸣声渐渐缓和了下来,我们听到登机口工作人员的电话响了。一位工作人员转向我们,眼睛瞪得大大的。"拿上你们的行李!"她说,"飞机驾驶员让你们快点儿登机!"我们的假期又有希望了,我和男友高兴地紧紧拥抱在一起,我们抓起行李包,向那两名飞机驾驶员挥挥手,匆匆走上登机通道上了飞机。

不难看出,对大多数生物而言,除了口头表达的语言,态势语言带来的作用也有很强烈的效果。在人与人交流的过程中,一些态势语言有时候会起到决定性的作用。

第六章 口语表达的态势语言

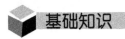

一、态势语言的概念

态势语言是人们在交际中用肢体态势来传递信息、表达感情、表示态度的非有声语言。这种肢体态势既可以支持、修饰或否定言语行为，又可以部分代替言语行为，发挥独立表达功能，同时又能表达言语行为难以表达的感情和态度。

美国心理学家艾伯特·梅拉比安提出的公式"信息的总效果=7%的有声语言+38%的语音+55%的态势语言"也充分表明态势语言对于人际交流的重要性。

肢体是人类表达情绪不可或缺的重要渠道之一，人们兴奋时拍手，悲伤时捶胸顿足，生气时攥紧拳头，恐惧时双腿颤抖，都是通过肢体宣泄情绪。人们以肢体活动表达情绪，也会根据说话者的态势语言判断其情绪或意图。当人们进行语言交流时，会有下意识的态势语言而不自知，如用手指敲击桌面、摇头晃脑、皱眉、抓挠身体某处等。在当前的科学技术水平下，测谎仪和心理学家已经能够准确地根据受测者的态势语言判断其是否在说谎，内心的真实情绪如何。可以说，态势语言是和口语具有同样的重要作用的人类表达手段之一。

二、态势语言的分类和作用

一些专业的演讲者，又将态势语言称为无声语言、体态语言、形体语言、"道具"语言等。

从动静角度来看，态势语言可分为动态语言和静态语言。动态语言包括眼神、手势、表情等；静态语言包括服饰、姿态、神态等。

从整体和局部角度来看，态势语言可分为整体态势语言和局部态势语言。整体态势语言包括行姿、站姿、坐姿、服饰等；局部态势语言包括手势、表情、眼神等。

从表现部位和表现力来看，态势语言可分为表情语、手势语、体姿语、服饰语等。

如果把以上态势语言进行综合分类，又可分为五大类：手势语、头势语、面势语、眼势语和体距语。

（一）手势语

1. 大拇指的动作

（1）向上伸大拇指：这是中国人最常用的手势，表示夸奖和赞许。在尼日利亚，宾客来临，要伸出大拇指，表示对来自远方的友人的问候。在日本，这一手势表示"男人"、"您的父亲"。在韩国，这一手势表示"首级"、"父亲"、"部长"和"队长"。在美国、墨西哥、荷兰、斯里兰卡等国家，这一手势表示祈祷幸运。在美国、印度、法国，横向伸出大拇指表示要搭车。在印度尼西亚，伸出大拇指指东西。但在澳大利亚，竖大拇指则是一个粗野的动作。

（2）向下伸大拇指：世界上有相当多的国家和地区都使用这一手势，但含义不尽相同。在中国，把大拇指向下，意味着"向下"、"下面"。在英国、美国、菲律宾，大拇指朝下含有"不能接受"、"不同意"、"结束"之意，或表示对方输了。墨西哥人、法国人则用这一手势来表示"没用"、"死了"或"运气差"。在泰国、缅甸、菲律宾、马来西亚、印度尼西亚,拇指向下表示失败。在澳大利亚,使用这一手势表示讥笑和嘲讽。在突尼斯,向下伸出大拇指,表示"倒水"和"停止"。

2. 食指的动作

(1) 伸食指:世界上使用这一手势的民族也有很多,但表示的意思不一样。中国人向上伸食指,表示数目,可以指"一",也可指"一十"、"一百"、"一千"等整数。在日本、韩国、菲律宾、斯里兰卡、印度尼西亚、沙特阿拉伯、墨西哥等国,食指向上表示只有一个(次)的意思。在美国,让对方稍等时,要使用这一手势。在法国,学生在课堂上向上伸出食指,老师才会让他回答问题。在新加坡,谈话时伸出食指,表示所谈的事最重要。在缅甸,请求别人帮忙或拜托某人某事时,都要使用这一手势。在澳大利亚,在酒吧、饭店向上伸出食指,表示"请来一杯啤酒"。在墨西哥、缅甸、日本、马来西亚,这一手势表示顺序上的第一。在中东,用食指指东西是不礼貌的。

(2) 伸出食指和中指:在欧洲绝大多数国家,人们在日常交往中常常伸出右手的食指和中指,比作"V"形表示胜利,不过,做这一手势时务必记住把手心朝外、手背朝内,在英国尤其要注意这点,因为在欧洲大多数国家,做手背朝外、手心朝内的"V"形手势是表示让人"走开",在英国则指伤风败俗的事。在中国,"V"形手势表示数目"2"、"第二"或剪刀。在非洲国家,"V"形手势一般表示两件事或两个东西。

(3) 伸出食指和小指:在欧洲大多数国家,人们向前平伸胳膊,再伸出食指和小指做成牛角状,用来表示要保护自己不受妖魔鬼怪的侵害。在非洲一些国家,这种手势若指向某人,则意味着要让那人倒霉。在拉丁美洲许多国家,把伸出食指和小指的手竖起来,则表示"交好运"。但在意大利,这一手势表示自己的老婆有了外遇。

(4) 弯曲食指:在中国表示数字"9";在日本表示小偷;在泰国、菲律宾表示钥匙、上锁;在韩国表示有错误、度量小;在泰国、新加坡、马来西亚表示死亡;在缅甸表示数字"5";英美人用这一手势来招呼某人到他那里去。

(5) 用食指对人摇动:在英美等国表示不满、反对或者警告的意思。

3. 中指的动作

(1) 中指和食指交叉相叠:在中国大陆,中指和食指交叉相叠表示数目"10"和加号。在中国香港,这一手势则表示关系密切。在英国、美国、法国、墨西哥、新加坡、菲律宾、马来西亚,这一手势表示祝愿、祈祷幸运。在澳大利亚,这一手势表示"期待"、"期盼"。在斯里兰卡,表示曲折和邪恶。在印度,表示结束、完成。在荷兰,表示发誓、赌咒,或指对方撒谎。在尼日利亚,表示东西或数字相加。

(2) 向上伸中指:在中国有些地方表示"胡扯";四川等地用这一手势来表示对对方的侮辱;在菲律宾,这一手势表示愤怒、憎恨、轻蔑和咒骂;在美国、法国、新加坡,这一手势表示愤怒和极度不快;在墨西哥表示不同意。

4. 小指的动作

(1) 向上伸小指:在中国表示小、微不足道、拙劣、最差的等级或名次,还可以表示轻蔑；在日本表示女人、女孩子、恋人；在韩国表示妻子、女朋友，或是打赌；在菲律宾表示小个子、年轻或指对方是小人物；在泰国或沙特阿拉伯表示朋友、交朋友；在缅甸和印度表示想去厕所；在美国，表示懦弱的男人或打赌。

（2）伸直中指、无名指和小指：在中国表示数字"0"或"3"；在日本、朝鲜、缅甸表示金钱；在泰国表示没问题；在印度尼西亚表示什么也干不了，什么也没有以及不成功；在英美等国，一般用来征求对方意见或回答对方征求意见的回话，表示同意、了不起、顺利，一般相当于英语中的"OK"；在荷兰表示正在顺利进行；在巴西则认为是对女性的引诱或对男性的侮辱。

5. 叫人

在美国呼唤服务员时，手掌向上伸开，伸出手指数次。而亚洲一些国家，这种手势对服务员则不可用，因为人们常常以此来叫一条狗或别的动物或幼童。在日本，招呼服务员时把手臂向上一伸，手指向下并摆动手指，对方就领会了。在非洲餐厅吃饭时，叫服务员通常是轻轻敲打餐桌。而在中东各国，叫人时轻轻拍拍手，对方即会意而来。

6. 同意

一般而言，双方谈事情成功时，除了说"同意"、"赞成"外，还要满面笑容地点头示意。而在巴基斯坦、保加利亚、阿尔巴尼亚、尼泊尔、泰国等国点头表示不是（或不好），摇头表示是（或好）；印度人以摇头或歪头表示同意；非洲人往往情不自禁地展开手臂，向上举起，并用另一只手握拳击掌心，以表示自己十分满意；阿拉伯人则会把双手握成拳，食指向外，缓缓挥动，表示赞成和同意。

7. 蔑视

阿拉伯人对人不满以至深恶痛绝时，常坐在那里，把鞋底对着对方，以发泄愤怒和表示蔑视。因此，在同阿拉伯人交往时，切不可有抬"二郎腿"的习惯动作。与阿拉伯人接触时，也不要摇动手脚，更不能故意气他。

8. 告别

在许多国家，人们告别时都是举起右手臂挥手表示再见。而一些东方国家，如印度、缅甸、巴基斯坦、马来西亚及中国部分地区，人们告别时，常常举手向上伸开并向自己一侧摇动，这往往容易同一般招呼人的手势相混淆；在意大利，习惯伸出右手，掌心向上，不停地张合，表示告别。

9. 忧愁

在一些亚洲国家，人们遇到伤脑筋或不顺心的事，习惯举起右手抓自己的头皮；在日本，这种手势表示愤怒和不满；在西方大多数国家，人们则常用挠头表示不懂或不理解。

（二）头势语

1. 点头

颈部使头部垂直上下运动一次或两次以上。基本含义是同意或赞成。

倾听与表达

2. 侧首

将头从一侧略倾斜到另一侧，基本含义是"关注"，结合面部表情的不同，表示"感兴趣"和"怀疑"两种意思。

3. 摇头

颈部把头从一边转到另一边两次或两次以上，表示不同意或不相信。头部呈拨浪鼓式快速摇动，表示坚决地无通融余地地否定。

4. 鞠躬

主要表现为浅鞠躬：将头部垂下成低首态，然后再抬起来。其含义有两方面：一是致意，二是表示告别。

（三）眼势语言

1. 目光接触

目光接触表示对对方的注意。语言沟通是信息发送和信息接收的过程。信息接收方应注意向信息发送方提供有效的反馈。与对方保持一定的目光接触，是一种重要的反馈方式，它表示你对对方的注意。

2. 眼神传递

眼神能准确地表达友爱和敌意、幸福和痛苦、快乐和悲伤以及惊奇、恐惧、厌恶等人类情感。有敏锐观察力的人可以从一个人的目光中感知其情绪、情感和态度的变化。

3. 注视时间

一般来说，沟通双方的关系越密切，接纳程度越高，目光接触的次数就越多，每次接触保持的时间也就越长。

（四）面势语言

1. 高兴

人们高兴时的面部动作包括嘴角翘起，面颊上抬起皱，眼睑收缩，眼睛尾部会形成"鱼尾纹"。

2. 伤心

伤心的面部特征包括眯眼，眉毛收紧，嘴角下拉，下巴抬起或收紧。

3. 害怕

害怕时，嘴巴和眼睛张开，眉毛上扬，鼻孔张大。

4. 愤怒

愤怒时，人的眉毛下垂，前额紧皱，眼睑和嘴唇紧张。

5. 厌恶

厌恶的表情包括嗤鼻，上嘴唇上抬，眉毛下垂，眯眼。

6. 惊讶

惊讶时，下颚下垂，嘴唇和嘴巴放松，眼睛张大，眼睑和眉毛微抬。

7. 轻蔑

轻蔑的显著特征就是嘴角一侧抬起，作讥笑或得意笑状。

（五）体距语言

1. 人际距离

人际距离通常分为四个区域：亲密区（50 厘米以内）、个人区（50～125 厘米）、社交区（125～350 厘米）、公共区（350～750 厘米）。在不确定对方是否对你完全信任时，不要贸然进入亲密区。和熟人进行一般性聊天，可在个人区内。社交区是相识但又不太熟悉的人们从事交流活动的范围。面向多人进行交流则在公共区，如教师教学就是在公共区域内。

2. 身体指向

身体指向可分为四种情况：面对面、背对背、肩并肩和 V 形指向。严肃谈话时通常采用面对面指向。双方放松或处于矛盾期时会采取背对背指向。背对背时间不宜过长，否则谈话双方容易走神，产生误会。肩并肩即肩部成一条线，身体面向一个方向。这一指向多出现在嬉戏、娱乐、共同参与公共活动等情境下。V 形指向是指双方以一定角度相对，如一群人围绕圆桌共进晚餐时会采用这一指向，家长和孩子说话时也经常采用这一指向。

三、运用态势语言的注意事项

（1）不翘"二郎腿"，不双手抱胸，不抖腿。
（2）和对方有眼神交流，但不要一直盯着对方。
（3）放松肩膀，保持微笑。
（4）不弯腰驼背。
（5）和对方交流时，轻轻点头表示正在倾听，鼓励对方说下去。
（6）双手自然摆放，不抓衣角，不插衣袋。
（7）保持目光平视，不要仰视或俯视，不要避开对方的目光。

实训任务

任务一 手势训练

1. 实训目的

通过实训，学生应学会基础的手势语言。

2. 实训要求

（1）授课教师要对本次实训任务有整体的把握。

（2）授课教师要对本次实训的任务分配及其对应的分值予以详尽的介绍，如果是分组完成，要做好相应的协调工作。

3. 实施过程

进行猜词游戏：两人一组猜词，双方不能用语言交流，一人比画一人猜，直到猜中为止。可跳过猜不出的选项。1分钟内猜出词多的组胜。

任务二　眼神、表情训练

1. 实训目的

通过实训，学生应学会用眼神和表情交流，以此读懂对方要表达的意思。

2. 实训要求

（1）授课教师要对本次实训任务有整体的把握。

（2）授课教师要对本次实训的任务分配及其对应的分值予以详尽的介绍，如果是分组完成，要做好相应的协调工作。

3. 实施过程

（1）两人一组互相注视对方，同时说出一些对方的优点，限时3分钟。

（2）互相用手机拍下喜、怒、哀、乐四种表情，表现优秀者的照片将在班级文化墙展出。

任务三　模拟情境

1. 实训目的

通过实训，学生应能灵活运用口语和态势语言进行表达。

2. 实训要求

（1）授课教师要对本次实训任务有整体的把握。

（2）授课教师要对本次实训的任务分配及其对应的分值予以详尽的介绍，如果是分组完成，要做好相应的协调工作。

3. 实施过程

1）情境设置

情境1：你去参加一个大公司的招聘会，面对的是一群面无表情的主考官。

情境2：毕业10年后你去参加同学聚会，和很多同学重逢。

情境3：你在一辆拥挤的公交车上，有老人，有孕妇，有孩子，有带着大堆行李的旅客。

2）操作方法及要求

（1）任意选择情境进行模拟对话。

（2）台词设计不少于5句，有2个以上角色的，台词对话不少于5个回合。

（3）每组训练过后，教师或其他学生进行点评，训练者自评。

拓展阅读

20世纪30年代，德国科学家沃尔沃做了一个测试。他把同一个人的同一张面部照片做了一些小小的处理——把这个人的面孔沿中线分成左右两半，然后把右边面孔与右边面孔相连，又把左边面孔与左边面孔相连。

结果，沃尔沃发现了让人吃惊的事实：他看到的根本就不是同一个人，新合成的两幅照片显示的是表情迥异的两个人。原照片上的人物本来是微笑着的，新合成的照片上，两半右脸相接的那幅像上的人物依然微笑着，而两半左脸相接的那幅像上的人物却显出了近乎恐怖的模样，他虽然嘴巴张开，似乎在微笑，但是整体表情一点也不放松、不开心。

这是为什么呢？原来，我们的左右两半边脸有着不同的分工。左脸直通人的心灵，表露的常常是内心的真实感情，因此是"隐蔽的"面孔；而右脸则是一副面具，会按照理性的指引做出假笑、假悲伤、鬼脸等表情，将内心真实的喜怒哀乐隐藏起来，因此是"公开的"面孔。如此说来，许多时候，我们左脸所显露的信息，正是右脸所要掩饰的。上面提到的科学家之所以会看到两张表情完全不同的新照片，是因为照片中的人物原本就是不快乐的，他在假笑。他拘谨忧郁的左脸已经向我们展示了他的内心。

由此，我们可以学到一种新的读心术——探知一个人的真实情感时，要分别看他的左右脸，并且着重看其显露本心的左脸。例如，判断一个对你报以微笑的人是在真笑还是假笑，就可以把目光集中到他的左脸上。左脸的肌肉、纹理、眼神，均可告诉你事情的真相，让你知道对方是不是在骗你。不要以为这是一件简单的事情，人类的右脸之所以会"表演"，是因为人类的左眼更敏锐一些，因此面对对方时，我们更容易观察其右脸，并且通过右脸去判断对方整张脸的表情和内心情感。

让不甚敏感的右眼去面对与心灵相通的左脸，让敏锐的左眼去面对善于"表演"的右脸，似乎是上天的一种安排，也是人类的一种自然选择——当我们想隐藏一些情感的时候，当然不希望被洞察力较强的左眼一下子看穿。既然如此，我们在明了如何判断一个人的真假表情的同时，也可以得到另外一个启示——微笑能够让人放松戒备、消除敌意，而绝大多数人无法准确区分真笑与假笑，只要看见有人冲自己微笑，他们的内心便会很自然地升起一种满足感，而不会思考这笑容究竟是真是假。所以，如果你能时刻以微笑示人，不管这笑是真是假，都能赢得别人对你的好感。

如何避免因为笑过假而让他人心生不快的情况呢？很简单，站到镜子面前，努力笑一下，看看自己在假笑时左右两半边脸分别会有什么样的反应，仔细观察左右脸的不同，然后努力让左脸模仿右脸的表情。如果觉得不论怎么练习自己的微笑都不够自然，那就找一件让你想起来就想笑的事，或者一个让你想起来就想笑的人吧，把它（他）牢牢记在心里，当需要微笑时，去想它（他）即可——当微笑真正发自肺腑时，我们的左右两半脸的表情才是没有任何区别的。这样，无论何人都不会再发现我们的"秘密"。

第七章 朗　　诵

学习目标

通过学习本章内容，学生应克服当众说话的紧张心理，提高心理素质；提高朗诵的水平，做到仪态大方，吐字清晰，语音标准，声音洪亮；认识到朗读对于语文学习的重要性，增加阅读量，培养语感，提高语言运用能力和作品的欣赏能力；感受中国语言文字所特有的美感，特别是诗歌作品的音韵美、节奏美。

案例导入

朗读是语文老师的基本功。

十八年前我大学毕业来到海中，要试教，安排上的课是闻一多先生的《最后一次演讲》。我心中窃喜，因为我在大学的时候是中文系的演讲冠军，我把全文为我后来的同事们朗读了一遍。大局定矣！

工作到第五个年头的时候，我代表教育厅获得了省里举办的演讲比赛冠军。

所以，我爱朗读！

自然，我把这个爱好传给了学生。

语文是语言的教学，没听说不张嘴就能学好语言的——我们又不是教手语！

所以我跟学生说，孩子们，捧起书来，给我大声读！

书声朗朗，整齐划一，听着心里那叫一个爽啊！

但是后来发现不对劲了。有一天早读，我从教室门前过，听到我的班上五十多个学生正扯着嗓子齐刷刷地在朗读柳永的《雨霖铃》——他们愣把"杨柳岸，晓风残月"读出"大江东去，浪淘尽，千古风流人物"的味道来了！

我就纳了闷了，我花了两节课的时间把《雨霖铃》讲完，咋"串味"了呢？

一琢磨，明白了：全班齐读，学生很自然地要讲求一个"整齐划一"，这一"划一"，不但节奏"划一"、音调"划一"，连情感都给"划一"了。这首词的意境和情感也就全给破坏掉了。

看来，朗读是好事，但朗读的方式还是要讲究的，类似《雨霖铃》这样抒发个人复杂细腻的情感的作品就不适合齐读，就如同有些独唱歌曲并不适合作为合唱曲目一样。这样的作品，还是个人诵读比较有味道。

朗读是一门精致的艺术，别把它变粗糙了，那就违背了我们通过体味语言之美领悟作品的思想感情的教学目的了。

朗读要天分吗？要。既然是艺术，那就要讲天分。但天分不是决定朗读效果的唯一因素，后天的技巧训练，可以弥补先天的不足。

最重要的是，你得"用心"而不是"用嘴"朗读。

在大学上演讲学课的时候，有一次进行朗读训练，要求自选作品，用比赛的形式进行。那次我输给了一个广东口音特别重，连平时说普通话都结巴的女同学。她选的作品是《雷电颂》。她用她的"广东普通话"把郭沫若的《雷电颂》朗诵得激情澎湃，震撼人心。

她当之无愧地获得了第一名，因为她用心在朗诵。

那次我明白了一个道理：朗读，天赋与技巧固然重要，最重要的还是用心去体味作品的语言，用心去感悟作品的思想与情感。

所以，朗读是可以训练的，对学生来说如此，对我们语文老师来说也是如此。

 基础知识

一、朗诵的含义

朗，即声音清晰、响亮；诵，即背诵。朗诵，就是用清晰、响亮的声音，结合各种语言手段来完美地表达作品思想感情的一种语言艺术。朗诵是口语交际的一种重要形式。朗诵不仅可以提高阅读能力，增强艺术鉴赏能力，更为重要的是，通过朗诵，大者，可以陶冶性情，开阔胸怀，文明言行，增强理解；小者，可以有效地培养对语言词汇细致入微的体味能力，以及确立口语表述最佳形式的自我鉴别能力。因此，要想成为口语表述与交际的高手，就不能轻视朗诵。

二、朗诵前的准备

朗诵是朗诵者的一种再创作活动。这种再创作，不是脱离朗诵的材料去另行一套，也不是照字读音的简单活动，而是要求朗诵者通过原作的字句，用有声语言传达出原作的主要精神和艺术美感。不仅要让听众领会朗诵的内容，而且要使其在感情上受到感染。为了达到这个目的，朗诵者在朗诵前必须做好一系列的准备工作。

1. 选择朗诵材料

朗诵是一种传情的艺术。朗诵者要很好地传情，引起听众共鸣，首先要注意材料的选择。要选择那些语言具有形象性而且适于上口的文章。因为形象感受是朗诵中一个很重要的环节，干瘪枯燥的书面语言对于具有很强感受能力的朗诵者也构不成丰富的形象感受。其次，要根据朗诵的场合和听众的需要，以及朗诵者自己的爱好和实际水平，在众多作品中选出合适的作品。

2. 把握作品的内容

准确地把握作品内容，透彻地理解其内在含义，是朗诵作品重要的前提和基础。固然，朗诵中各种艺术手段的运用十分重要，但是，如果离开了准确透彻地把握内容这个前提，那么，艺术技巧就成了无源之水，无本之木，成了一种纯粹的形式主义，也就无法做到传情，无法让听众动情了。准确透彻地把握作品内容，应注意以下几点：

1）准确、深入地理解

朗诵者要把作品的思想感情准确地表达出来，需要透过文字理解作品的内在含义。首先要清除障碍，搞清楚文中生字、生词、成语典故、语句等的含义，不要囫囵吞枣，望文生义。其次，要把握作品创作的背景、作品的主题和情感的基调，这样才能准确地理解作品，才不会把作品念得支离破碎，甚至歪曲原作的思想内容。以高尔基的《海燕》为例，扫除文字障碍后，就要对作品进行综合分析。这篇作品以象征手法，通过对暴风雨来临之前、暴风雨逼近和即将来临三个画面的描绘，塑造了一只不怕电闪雷鸣，敢于搏风击浪，勇于呼风唤雨的海燕这一"胜利的预言家"的形象。而这部作品诞生之后被广大工人和革命群众在革命小组活动时朗诵，被视作传播革命信息，坚定革命理想的战歌。综合分析之后，朗诵时就不难把握其主题：满怀激情地呼唤革命高潮的到来。进而，就不难把握这部作品的基调应是对革命高潮的向往、企盼。

2）展开丰富的想象

在理解感受作品的同时，往往应展开丰富的想象，这样才能使作品的内容在自己的心中、眼前活动起来，就好像亲眼看到、亲身经历一样。以陈然《我的自白书》为例，在对作品进行综合分析的同时，可以设想自己就是陈然（重庆《挺进报》的特支书记），当时正处在这样的情境中：我被国民党逮捕，在狱中饱受折磨，但信仰毫不动摇，最后，敌人把一张白纸放在我面前，让我写自白书，我满怀对敌人的愤恨和藐视，满怀革命必胜的坚定信念，自豪地写下了"怒斥敌酋"式的《我的自白书》。通过深入地理解、真切地感受，展开丰富地想象，这样在朗读时才能使自己动情，令听者动容。

3. 用普通话语音朗诵

要使自己的朗诵优美动听，必须使用标准的普通话进行朗诵，因为朗诵作品一般都是运用现代汉民族共同语（即普通话）写成的，所以，只有用普通话语音朗诵，才能更准确地表达作品的思想内容；同时，普通话是汉民族共同语，用普通话朗诵，便于不同方言区的人理解和接受。因而，在朗诵之前，首先要咬准字音，掌握语流音变等普通话知识。

三、朗诵的基本表达手段

朗诵时，一方面要深刻透彻地把握作品的内容，另一方面，要合理地运用各种艺术手段，准确地表达作品的内在含义。常用的基本表达手段有运用停顿、运用重音、控制语速、把握句调等。

1. 停顿的运用

停顿指语句或词语之间声音上的间歇。停顿一方面是朗诵者在朗诵时生理上的需要；另一方面是句子结构上的需要；再一方面是充分表达思想感情的需要；同时，也给听者一个领略和思考、理解和接受的余地，帮助听者理解文章含义，加深印象。停顿包括生理停顿、语法停顿、强调停顿。

1）生理停顿

生理停顿即朗诵者根据气息需要，在不影响语义完整的地方作一个短暂的停歇。要注意，生理停顿不应妨碍语意表达，不割裂语法结构。

2）语法停顿

语法停顿是反映一句话的语法关系的停顿，在书面语言里就表现为标点。一般来说，语法停顿时间的长短与标点的运用密切相关。例如，句号、问号、叹号后的停顿比分号、冒号长；分号、冒号后的停顿比逗号长；逗号后的停顿比顿号长；段落之间的停顿则长于句子之间的停顿。

3）强调停顿

为了强调某一事物，突出某个语意或某种感情，而在书面上没有标点，在生理上也可不作停顿的地方作了停顿，或者在书面上有标点的地方作了较大的停顿，这样的停顿我们称为强调停顿。强调停顿主要是靠仔细揣摩作品，深刻体会其内在含义来安排的。例如：

遵义会议‖纠正了｜在第五次反"围剿"斗争中所犯的"左倾机会主义性质"的严重的原则性错误，团结了｜党和红军，使得｜党中央和红军主力胜利地完成了长征，转到了｜抗日的前沿阵地，执行了抗日民族统一战线的新政策。

"遵义会议"之后没有标点符号，但是为了突出"遵义会议"的地位，强调"遵义会议"在我党历史上的伟大意义，就应有一个停顿，而且比下面的其他强调停顿时间要长一些。"纠正了"、"团结了"、"使得"、"转到了"、"执行了"这些词语后面也没有标点，但为了突出"遵义会议"的伟大历史意义，应用停顿，句中画"‖"和"｜"的都表示强调停顿。

如果不仔细揣度作品而任意作强调停顿，则容易产生错误的理解。例如，贺敬之的《雷锋之歌》中有一句话是这么说的："来呵！让我们紧紧挽住雷锋的这三条刀伤的手臂吧！"有人在"三条"之后略作停顿，就会给听众造成"三条手臂"的错觉，影响理解的正确性。

2. 重音的运用

重音是指朗诵、说话时句子里某些词语念得比较重的现象，一般用增加声音的强度来体现。重音有语法重音和强调重音两种。

1）语法重音

在不表示特殊的思想和感情的情况下，根据语法结构的特点，把句子的某些部分重读的，叫语法重音。语法重音的位置比较固定，常见的规律是：

（1）一般短句子里的谓语部分常重读。

（2）动词或形容词前的状语常重读。

（3）动词后面由形容词、动词及部分词组充当的补语常重读。

（4）名词前的定语常重读。

（5）有些代词也常重读。如果一句话成分较多，重读也就不止一处，往往优先重读定语、状语、补语等连带成分。例如："我们是怎样度过这惊涛骇浪的瞬息！快把那炉火烧得通红。"值得注意的是，语法重音的强度并不十分强，只是同语句的其他部分相比较，读得比较重一些罢了。

2）强调重音

强调重音指的是为了表达某种特殊的感情和强调某种特殊意义而故意说得重一些的音，

目的在于引起听者注意。语句在什么地方该用强调重音并没有固定的规律,而是受说话的环境、内容和感情支配的。同一句话,强调重音不同,表达的意思也往往不同,例如:

我去过上海。(回答"谁去过上海?")

我去过上海。(回答"你去没去过上海?")

我去过上海。(回答"北京、上海等地,你去过哪儿?")

因而,在朗诵时,首先要认真钻研作品,正确理解作者意图,才能较快较准地找到强调重音之所在。

强调重音与语法重音的区别:

从音量上看,语法重音给人的感觉只是一般的轻重有所区别,而强调重音则给人鲜明突出的印象。强调重音的音量大于语法重音的音量。

从出现的位置看,强调重音可能与语法重音重叠,这时语法重音服从于强调重音,只要把音量再加强一些就行了。有时,两种重音出现在不同的位置上,此时,强调重音的音量要盖过语法重音的音量。

从确定重音的难易程度上看,语法重音较容易找到,在一句话的范围内,根据语法结构的特点就可以确定,而强调重音的确定却与朗诵者对作品的钻研程度、理解程度紧密相连。

3. 语速的控制

语速是指说话或朗诵时每个音节的长短及音节之间连接的紧松。说话的速度是由说话人的感情决定的,朗诵的速度则与文章的思想内容相联系。一般说来,朗读热烈、欢快、兴奋、紧张的内容时语速应快一些;朗诵平静、庄重、悲伤、沉重、追忆的内容时语速应慢一些。而一般的叙述、说明、议论则用中速。朗诵时应根据作品中人物心情的变化来调整语速,而不应一律以一种速度读下来。以《雷雨》中周朴园和鲁侍萍的对话为例:

周:梅家的一个年轻小姐,很贤惠,也很规矩。有一天夜里,忽然地投水死了。后来,后来——你知道吗?(慢速,周朴园故作与鲁侍萍闲谈状,以便探听一些情况)

鲁:这个梅姑娘倒是有一天晚上跳的河,可是不是一个,她手里抱着一个刚生下三天的男孩,听人说她生前是不规矩的。(慢速,侍萍回忆悲痛的往事,又想极力克制怨愤,以免周朴园认出)

鲁:我前几天还见着她!(中速)

周:什么?她就在这儿?此地?(快速,表现周朴园的吃惊与紧张)

鲁:老爷,您想见一见她么?(慢速,鲁故意试探)

周:不,不,不用。(快速,表现周朴园的慌乱与心虚)

周:我看过去的事不必再提了吧。(中速)

鲁:我要提,我要提,我闷了三十年了!(快速,表现鲁侍萍极度的悲愤以至几乎喊叫)

4. 句调的把握

字有字调,句有句调。我们通常称字调为声调,是指音节的高低升降。而句调我们则称为语调,是指语句的高低升降。句调是贯穿整个句干的,只是在句末音节上表现得特别明显。句调根据表示的语气和感情态度的不同,可分为四种:升调、降调、平调、曲调(表 7-1)。

表7-1 句调

句调类型	表示符号	语调特征	适用范围
平（平直调）	→	语调平直，没有明显的高低升降变化	常用于不带特殊感情的叙述和说明中
升（高升调）	↗	语调由低到高，呈上升趋势	常用来表示号召、命令、鼓动、疑问、反诘、呼唤等，或表示喜悦、惊异、兴奋、激动等感情
降（低降调）	↘	语调由高到低，呈下降趋势	一般用于表示肯定、祝愿、感叹、请求、赞叹等语气或表示心情沉重等感情
曲（曲折调）	⌒↗	指句子的语势有曲折变化，或由降到升，或由升到降，或最末音节特别加重拉长	常用于表示双关、反语、幽默、嘲讽、夸张、含蓄或某种特殊感情，多用于感叹句或疑问句中

除了以上这些基本表达手段外，要使朗诵有声有色，还得借助一些特殊的表达手段，如笑语、颤音、泣诉、重音轻读等，这里就不详细介绍了。

四、朗诵与朗读、演戏的区别

朗诵不同于朗读，朗读是用清晰、响亮的声音把文章读出来，以传达文章的思想内容。朗诵则是用清晰、响亮的声音把文章背出来，以传达文章的思想内容。可见，朗诵的要求比朗读要高，它要求不看作品，面对观众，除运用声音外，还要借助眼神、手势等体态语的帮助来表达作品感情，引起听众共鸣。

朗诵常常伴随有手势、姿态等体态语，但朗诵时的姿态或手势不能过多。毕竟，朗诵不同于演戏，演戏时，演员不直接和观众交流，他扮演剧中人物，模仿剧中人物的语言、动作，他只和同台的演员进行交流，而朗诵者直接交流的对象是听众，他主要是通过声音把感情传达给听众，引起听众共鸣，手势、姿态等只不过是帮助表达感情的辅助性工具，不宜过多、过火。

实训任务

任务一　自我心理突破

1. 实训目的

通过训练，学生应消除当众朗诵的恐惧心理，敢呼于情，敢宣于色；克服当众朗诵的障碍，激发上台表现的欲望。

2. 实训要求

（1）授课教师要对本次实训任务有整体的把握。

（2）授课教师要对本次实训的任务分配及其对应的分值予以详尽的介绍，如果是分组完成，要做好相应的协调工作。

倾听与表达

3. 实施过程

（1）教师准备 5 组有关朗诵技巧的语句，每组 5 句，每句 15 字左右，学生上台抽签，朗诵所抽中语句，台下学生根据朗诵者对语句停顿、重音、语速、句调的控制及内容猜测其中所蕴含的情感意义和语句意义。每组训练过后，教师或其他学生进行点评，训练者自评。

（2）阅读朗诵名篇，用心体会朗诵技巧。

任务二　朗诵综合训练

1. 实训目的

通过实训，学生应熟悉朗诵的基本手段；把握作品的基调；适当运用体态语及其他辅助手段提高朗诵水平。

2. 实训要求

（1）授课教师要对本次实训任务有整体的把握。

（2）授课教师要对本次实训的任务分配及其对应的分值予以详尽的介绍，如果是分组完成，要做好相应的协调工作。

3. 实施过程

1）复习本节有关朗诵的基本知识

2）模拟训练

（1）朗诵叶挺同志的《囚歌》，注意句调的处理：

为人进出的门紧锁着，（→平调）（冷眼相看）

为狗爬出的洞敞开着（→平调）

一个声音高叫着：（↗曲调）（嘲讽）

——爬出来吧，给你自由！（↘）曲调（诱惑）

我渴望自由，（→）（庄严）

但我深深地知道——（→平调）

人的身躯怎能从狗洞子里爬出！（↑升调）（蔑视、愤慨、反击）

我希望有一天（→平调）

地下的烈火，（稍向上扬）（语意未完）

将我连这活棺材一齐烧掉（↓降调）（毫不犹豫）

我应该在烈火与热血中得到永生！（↓降调）（沉着、坚毅、充满自信）

（2）重音练习。

——读出下列句子中词语的语法重音：

①东风来了，春天的脚步近了。

②一切都像刚睡醒的样子，欣欣然张开了眼。

③手势之类，距离大了看不清，声音的有效距离大得多。

——读出下面语句中的强调重音：

于是有人慨叹曰："中国人失掉自信力了。" 如果单据这一点现象而论，自信其实是早就失掉了的。先前信"地",信"物",后来信"国联",都没有相信过"自己"。假使这也算一种"信",那也只能说中国人曾经有过"他信力",自从对国联失望之后,便把这他信力都失掉了。

(3)朗读郭小川《团泊洼的秋天》这首诗的最后三段,注意语法停顿和强调停顿:

请听听吧,这是战士／一句句从心中‖掏出的话。

团泊洼,团泊洼,你真是那样／静静的吗?是的,团泊洼是静静的,但那里／时刻都会‖轰轰爆炸!

不,团泊洼是喧腾的,这首诗篇里／就充满着‖嘈杂。

不管怎样,且把这矛盾重重的诗篇／埋在坎下,

它也许不合你秋天的季节,但到明春‖准会／生根发芽。

(4)下面是鲁侍萍回忆往事、揭露周朴园罪恶的两段话,一段是相认前,一段是相认后,相认前后,鲁侍萍的怨愤之情由克制到逐渐显露,说话的语气和态度也起了变化,试用不同的语速加以表达。

相认以前

她是个下等人,不很守本分的。听说她跟那时周公馆的少爷有点不清白,生了两个儿子。生了第二个,才过三天,忽然周少爷不要她了。大孩子就放在周公馆,刚生的孩子她抱在怀里,在年三十夜里投河死的。

相认以后

哼,我的眼泪早哭干了,我没有委屈,我有的是恨,是悔,是三十年一天一天我自己受的苦。你大概已经忘了你做的事了!三十年前,过年三十的晚上我生下你的第二个儿子才三天,你为了要赶紧娶那位有钱有门第的小姐,你们逼着我冒着大雪出去,要我离开你们周家的门。

注:教师还可根据学生情况和教学条件举办一个小型朗诵比赛。

拓展阅读

"你或许拥有无限的财富,一箱箱的珠宝与一柜柜的黄金。但你永远不会比我富有——我有一位读书给我听的妈妈。"

大量研究证实,给孩子朗读是培养阅读习惯最重要的因素。每天朗读15分钟是美国教育的秘诀。

阅读是教育的核心,学校中几乎每门学科的知识都是通过阅读来学习的。我们必须先会读文字叙述的数学题,才能了解题意;如果我们不会读社会学科或自然学科的课文,就无法回答每个章节后的问题;复杂的计算机手册对操作非常重要,但我们必须先读懂其内容。你甚至可以说:阅读是今日美国生活中最重要的社会要素。以下是支持这个论点的定律,听起来很简单,虽不能说放之四海而皆准,但验证起来通常都是正确的:

(1)你读得越多,知道得越多。

(2)你知道得越多,你越聪明。

(3)你越聪明,在校学习的时间越长。

倾听与表达

（4）你在校时间越长，获得的文凭越多，受雇的时间就越长，你一辈子赚的钱就越多。

（5）你的文凭越多，你的孩子在学校的成绩越高。

（6）你的文凭越多，你的寿命越长。

反之，以下定律也成立：

（1）你读得越少，知道得越少。

（2）你知道得越少，越早辍学。

（3）你越早辍学，越早变穷，而且穷得越久。

（4）你越早辍学，入狱的概率越大。

由此可知，阅读是消灭无知、贫穷与绝望的终极武器。一个阅读不够的国家见识不多；见识不多的国家，人民在家庭、商店、陪审团与投票所都会作出糟糕的抉择，而这些抉择最终会影响整个国家——无论是文盲与非文盲都会深受影响。

学校课程的每一项内容几乎都根植于阅读，因此阅读是所有问题与解决方案的核心。1983年，美国教育部组织知名专家组成了阅读委员会，专门研究导致阅读危机的原因及解决办法。在主要的研究结果中，有两项简单的论述很震撼人心：

（1）给孩子朗读，能建立孩子必备的知识体系，引导他们最终踏上成功的阅读之路。朗读是唯一且最重要的活动。

（2）证据显示，朗读不只在家庭中有效，在课堂上也成果非凡。"朗读应该在各年级都进行。"

专家口中"唯一且最重要的活动"意味着，朗读比成绩单、家庭作业、评估表、读书报告和图卡更重要。朗读是最便宜、最简单、最古老的教学手段，在家里或教室使用都再好不过了。

阅读能带来什么好处？

一切都可归纳为一则简单的两个层次的公式：

（1）你读得越多，理解力越好；理解力越好，就越喜欢读，就读得越多。

（2）你读得越多，你知道得越多；你知道得越多，你就越聪明。

有什么事能像阅读一样做起来简单却成效显著呢？

阅读是积累渐进的技能。这意味着，阅读就像骑自行车、驾驶汽车或缝纫一样，为了做好，你必须去实践。你读得越多，就读得越好。

堪萨斯大学的两位博士对幼儿早期生活进行了研究，结果令人瞠目结舌。研究人员用了4年时间记下每组孩子每天听到的字，专业人员家庭的孩子听到4500万字，工人家庭的孩子听到2600万字，福利家庭的孩子只听到1300万字。这3组孩子在同一天上幼儿园，但他们之间词汇量的差距可高达3200万字——这可是天壤之别。孩子接触单个词语的频率，将决定他理解的速度。高收入家庭的孩子词汇量多30%～50%，因此他们理解与分析文字的速度较快，阅读较多，进而把差距拉得更大。

丰富的词汇在哪里？在交谈中还是在阅读中？

无论是成人对成人还是成人对孩子，一般的语言交流大多平淡简单，只使用5000个基本词语。（事实上，与孩子的正常交谈所使用的词，有83%来自于最常用的数千字，这种情况并不会随着孩子年龄的增长而改变。）另外还有较少使用的其他5000个词。在这一万个常用词之外，就是在阅读中扮演重要角色的"生僻词"。我们的语文程度并非由那一万个常用词决定，而是取决于对生僻词的了解程度。

如果我们不常在交谈中使用这些生僻词，那么在哪儿找到这些词呢？在印刷文本中包含了最多的生僻词。大人对 3 岁的孩子说话时，每千字只用 9 个生僻词，但童书中的生僻词是它的 3 倍之多，报纸上的生僻词高达 7 倍以上。在积累词汇上，口语传播（包括电视词汇）明显不如印刷品。有些家庭的孩子看大量电视，听到的词汇较少，在家接触书的机会较少，因此问题较为严重。他们面临巨大的文字断层，从而阻碍了他们在学校的阅读进度。因此，阅读图书对孩子的学习帮助很大。

从 1972 年起，美国国家教育进展评估会一直追踪四年级、八年级、十二年级学生的阅读分数。结果发现，用课外读物当课本的学生和最能享受阅读乐趣的学生，分数最高。

——摘自吉姆·崔利斯的《朗读手册》

第八章 复　　述

学习目标

通过学习本章内容，学生应掌握复述的几种类型；能够在记忆和理解的基础上，对读过的或听过的语言材料加工整理，根据不同的要求，或周密详细地复述，或简要概括地复述，或变换人称来复述，或变换顺序来复述，甚至可略加想象、丰富一些细节内容来复述。

案例导入

据说，美军1910年的一次部队命令传递是这样的：

营长对值班军官：明晚大约8点钟，哈雷彗星将可能在这个地区看到。这种彗星，每隔76年才能看见一次。命令所有士兵着野战服在操场上集合，我将向他们解释这一罕见的天文现象，如果下雨的话，就在礼堂集合，我为他们放一部有关彗星的影片。

值班军官对连长：根据营长的命令，明晚8点哈雷彗星将在操场上空出现，如果下雨的话，就让士兵穿着野战服，列队前往礼堂，这一罕见的现象将在那里出现。

连长对排长说：根据营长的命令，明晚8点，非凡的哈雷彗星将身穿野战服在礼堂中出现。如果下雨，营长将下达另一个命令，这种命令每隔76年才会出现一次。

排长对班长说：明晚8点营长将带着哈雷彗星在礼堂中出现，这是每隔76年才有的事。如果下雨的话，营长将命令彗星穿上野战服到操场上去。

班长对士兵：在明晚8点下雨的时候，著名的76岁哈雷将军，将在营长的陪同下，身着野战服开着他那彗星牌汽车，经过操场前往礼堂。

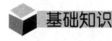

一、复述的含义

复述是在理解文章内容的基础上，用自己的语言把内容讲述给别人听的一种言语过程，复述不是背诵，它是文章内容、语言、情感的内化、重组和表达的过程。它要求既要把自己理解了的内部思想转变为外部言语，又要对展开的外部语言进行一系列的加工、整理，使之用词恰当，结构严密，前后连贯，它涉及对文章的感知和理解、消化和吸收、概括和归纳。长期练习复述，既能使思维能力得到提高，又能使言语表达能力得到发展。复述训练比起背诵训练，独立性、创造性更强，更能提高理解能力、口头表达能力和逻辑思维能力。

二、复述的类型

复述一般分为详细复述、简要复述和创造性复述三种。每种复述方式各有自己的特点和要求。我们要了解复述的种类，以便分类掌握。

1. 详细复述

详细复述即对原来的语言材料进行详细的复述，要求按照原来材料的顺序、结构，把它的内容原原本本地重述出来。如果是笔述，原材料的许多语句都可以保留；如果是口述，则要把书面语句式、倒装句式等改为口语句式。例如：

〔原材料〕野兔和家兔，原来统统被分在啮齿目中，同老鼠等为伍。可是后来发现，野兔、家兔以及鼠兔，上门齿有两对，啮齿类只有一对。它们的门齿不像啮齿类那样发达，无齿根，终生能继续生长。而且兔类的血液，与啮齿类的差别也较大，倒是同有蹄类相近。兔类和啮齿类，看起来起源于不同的祖先。因此，分类学家为它们单立了一个目——兔形目，包括两个现生科，即兔科和鼠兔科，兔科分九个属，五十个种。

现生兔类的自然分布，几乎是世界性的。古生物学家认为，可能由于兔类的祖先在地史上出现得较晚，那时已有汪洋大海相隔，未能分布到南极洲、澳大利亚以及马达加斯加、新西兰等岛屿。世界上有野兔和家兔五十种，外貌和习性各不相同。

〔书面详细复述〕兔子，原来被看成老鼠的同类，在生物学中都分在啮齿目中。可是后来发现，无论是野兔、家兔还是鼠兔，都有两对上门齿，而啮齿类只有一对。兔子的门齿也不像啮齿类那样发达，它没有齿根，终生都能生长。跟啮齿类动物相比，兔类的血液也有较大不同。看起来，兔类和啮齿类是出于不同的祖先。因此，分类学家就把它们分开，单立了一个兔形目。兔形目又包括兔科和鼠兔科两个现生科。再往下分，兔科分九个属，五十个种。五十种野兔和家兔，外貌和习性各不相同。

除南极洲、澳大利亚以及马达加斯加、新西兰等岛屿外，世界各地都有现生兔类的自然分布。这些岛屿之所以没有兔类分布，据古生物学家的意见，可能是由于兔类的祖先出现得较晚，那时已有汪洋大海相隔，因而未能传布过去。

对原材料做书面详细复述，要求把原材料的内容详尽地重述出来，又不照抄原文，难就难在要把它变成"自己的语言"。这实际上是一个复杂的语言信息处理、转换过程：首先是对原材料从词语、句式、句间关系以至整体结构进行理解，然后根据自己的语言习惯进行表述。当然，由于每个人的语言习惯不同，复述出来也会面目各异。这是容许的。

2. 简要复述

在总体把握原材料的基础上，抓住主要内容，再用自己的语言表达出来。原材料的重要语句应该保留，而那些次要的材料、过渡性的段落、插说等可以舍去。记叙性的材料，可选取主要事件的梗概或主要人物的事迹进行复述；说明性的材料，可抓住对事物特征的说明或对程序的主要步骤进行介绍；议论性的材料，可就其主要观点和论据作简要的重述。简要复述，就应"简要"，要保留原材料的主干，它是对原材料的"浓缩"，所以不能改变原来的体裁，也不能加进自己的认识、体会和评论。它要求按原来的结构和逻辑顺序，用原来的人称和口气，不能随便颠倒变更。简述本身也应当做到结构完整，有头有尾，有条有理。

【例 8-1】

〔原材料〕陈冬尧团长向毛主席汇报了生产情况，告诉毛主席说，部队刚到南泥湾那一年，平均每人种五亩多地，粮食不够吃，连队生活很困难；今年每人种了 30 多亩地，可以做到"耕二余一"。我们也养猪、养羊、养鸡、养鸭，团里还办起了纺织厂、铁工厂、木工厂、鞋工厂、农具厂，吃穿问题已得到了解决。毛主席听着，不时点头，微笑着称赞说："你们的成绩很大嘛！"陈团长又汇报说：我们刚到南泥湾时，这里遍地是荒草，生产生活都很困难。粮食不够吃，也没有菜，只好上山挖些野菜。冬天棉衣破烂不堪，补了又补；夏天只有一身单衣，洗裤子的时候，只好蹲在河里，等晒干了裤子再爬上岸来穿上。晚上，大家睡在用树枝搭起的草棚里。夜晚没有油点灯，开会也是摸黑儿，豺狼和豹子有时钻进我们的住地。生产也缺少工具，缺少种子。当时，有些同志缺乏信心，认为在这个穷地方能搞出什么名堂！现在不同了，一切都有了，吃得好，穿得好，住得好，用得好。我们已经达到两人一头猪，一人两只羊，粮食积余一年。毛主席鼓励说："困难并不是不可征服的怪物。大家动手征服它，它就低头了。"毛主席这几句话，把大家说得心里甜滋滋的，大家都笑了起来。毛主席接着说：敌人要封锁我们，我们对敌人的回答，就是自己动手。用我们的双手，做到生产自给，丰衣足食。人民的军队一定要做群众的模范。毛主席还说：我们有打仗的军队，又有劳动的军队，打仗的军队，我们有八路军、新四军，这支军队也要当两支用，一方面打仗，一方面生产。我们有了这两支军队，我们的军队有了这两套本领，再加上做群众工作一项本领，那么，我们就可以克服困难，把日本帝国主义打垮。

〔书面简要复述一〕陈冬尧团长向毛主席汇报了生产情况：部队刚到南泥湾时，每人种 5 亩多地，生活很困难；今年每人种了 30 多亩，还养了猪、羊、鸡、鸭，办了许多工厂，吃穿问题已解决了。毛主席称赞了我们的成绩。陈团长又讲到刚到南泥湾时的困难，缺粮少菜，冬衣破烂，夏衣也只有一身，住的是草棚，晚上没有灯，生产也缺少工具和种子，因此有人缺乏信心。现在一切都有了，吃穿住用都好了。毛主席鼓励大家说：困难并不是不可征服的怪物。敌人封锁我们，我们就自己动手。我们的军队一面打仗，一面生产，再加上做群众工作，就能克服困难，打垮日本帝国主义。

〔书面简要复述二〕陈冬尧团长向毛主席汇报了生产取得的成绩，受到毛主席的称赞。陈团长又讲到刚到南泥湾时的种种困难，毛主席说：困难并不是不可征服的怪物。我们的部队一面打仗，一面生产，再加上做群众工作，就能克服困难，打垮日本帝国主义。

这里对原材料做了两种书面简要复述。原文 660 余字，第一种复述压缩到 250 字左右，第二种复述进一步压缩，只有 100 来字。通过比较，可以知道"简要"是可以有不同要求的。要能根据不同要求控制字数的多少，做到繁简自如，前提是对原材料要把握好。这段文字，中心是写毛主席，团长的"汇报"只是为毛主席的活动提供依托，这是第一点认识；团长的汇报分两个层次写，先说成绩，受到主席的称赞，再说困难，受到主席的鼓励，这是第二点认识。有了这两点认识，复述时就心中有数了。要详，就把"成绩"和"困难"的具体内容展开一点；要简，只说"成绩"和"困难"两个词就够了。而毛主席的讲话，其主要精神一定要准确地传达出来。

3. 局部复述

这是在较长的语言材料中摘取某一片段进行重述的方法,如故事的某一段情节,事物的某一方面特征,论证的某一个分论点等。局部复述既可详述,也可简述(示例略)。

三、复述的基本要求

进行复述练习,一方面能够加强记忆能力的训练,强化知识记忆;另一方面,可以训练有序、有节、有理的表达能力。针对一些叙事性较强的文章,我们可以采取不同的复述方法,或简要复述,或详细复述,或创造性复述。不论进行哪种形式的复述,都要注意把握以下几点:

第一,把书面语转换为口头语。
第二,突出重点,准确地体现原材料的中心和重点。
第三,条理清楚,反映各部分内容的内在联系,如果叙述一件事情,复述时一定要交代清楚时间、地点、人物,事情的起因、经过、结果等。
第四,语言力求准确。
第五,必要时可以加入个人想象。

四、复述的练习要领

复述,富有创造性,能把记忆、思考、表达三者有机地结合起来,使之融为一体。

1. 记忆

记忆是复述的基础。要想复述好,在阅读时,必须要快速记住语言材料里的一些重要词语、结构层次,以及它的具体内容,边读边记,养成口脑并用的良好习惯。反复阅读的过程就是记忆的过程,记忆就是复述的准备,复述反过来又能进一步加深记忆。

2. 思考

复述不是照搬原材料,必须按照一定的要求,对原材料的内容进行综合、概括,适当取舍,并要认真选词,组织安排材料。这就是在记忆的基础上进行思考的过程。例如,复述"手表与草帽"的故事,大家可以考虑一下:为什么威尔斯多夫要去找费尔德?为什么费尔德不愿意出售自己的技术?为什么威尔斯多夫要买费尔德的草帽?其他的情节可尽量简化。经常这样复述,不仅可以训练你的思维能力,也可以培养你思考问题的习惯。

3. 表达

复述的特点就是要连贯地叙述原材料,无论口头还是笔头,都要围绕一定的中心内容去思考,然后准确而明晰地说出或写出来,这有利于培养和提高你的表达能力。

因此,成功地进行复述,首先要对原材料进行认真阅读和理解,同时注意记忆的技巧,既要有框架记忆,又要有细节记忆,留意能提示记忆的重点语句。为了疏通语流,可以先自已试述一遍。进行概要复述,要防止取舍不当,偏离中心。

五、复述的技巧

1. 抓关键词,为复述润色

关键词,即与文章的描写线索或写作特色等要素有密切关联的重点词语。这些关键词是复述的支持点和连接点,练习者可以根据这些词语进行记忆扩充,重组信息时就会显得得心应手,边看边想,用词串句,用段连篇,层层扩展。根据这些关键词,练习者能够俯瞰全篇,抓住文章的精髓,加深对文章的理解,同时也训练了归纳语言的能力,使复述更加精彩。可借助动作词串联复述,可以用关联词语组织复述,也可以用顺序词语引导复述。

2. 借插图,为复述导路

许多文章紧扣内容和中心配上插图,可以说是图文并茂。插图反映的往往是文章中最重要的部分。合理、巧妙地运用这些插图来帮助梳理文章内容,练习者不仅能在梳理中"温故",还可在梳理中"知新",获取复述重点,有利于流畅地复述文章内容。有的练习者的绘画能力比较强,就可以发挥自己的想象力,根据文章情节画连环画,在每幅图下配上简单的介绍情节的文字。这样一方面可以帮助练习者语像同构,另一方面可以帮助练习者内化文章语言,自然而然地完成知识的迁移、情感的内化和表达的外现,有效地培养较强的语言组织能力和表达能力。

3. 列提纲,为复述牵线

古人云:"举一纲而万目张。"梳理作者思路,列出写作提纲,有助于对材料的记忆。复述文章时可以作者的写作思路、行文顺序为复述的线索,顺藤摸瓜,由句到段,由段到篇,边读边想,边想边说,复述也就不太困难了。

4. 设问题,为复述搭台阶

阅读文章,有时练习者会提出一些有价值的问题,这些问题不仅可引领其对文章进行有效的阅读,也是帮助他们梳理文章的抓手。引导练习者回顾一些重要、具体的问题,有利于制订复述提纲,有条理、有重点地复述。

5. 改人称,为复述添趣

记叙文大都是以第三人称来写的,也有的是以第一人称来写的。复述时练习者可以把人称进行变化,这种方法可以使读者进一步地受到作品中思想感情的熏陶,加深对文章的理解。这样的复述不是消极地、被动地背文章,也不是简单地介绍文章大意。它是按照一定的要求、一定的形式把文章的精神实质生动地复现出来,它要求练习者在记忆的基础上用自己的口语对文章内容进行综合提炼,清楚流畅地说出来,以此培养思维能力和语言表达能力。

六、复述与转述的区别

转述,也是对现成语言材料的重述,在这一点上,它与复述是共通的,但它们又有区别。

第八章 复 述

复述，要求全面地忠于原材料；而转述，则要求在不歪曲原意的前提下对原材料的内容与形式加以改造。这改造大体有以下几种情况：时空与人称的转换，体式与风格的转换，内容侧重点的转换。

1. 时空与人称的转换

同样一件事，今天说与明天说，在这里说与在那里说，跟这个人说与跟那个人说，时间词、方位词、人称词都必须跟着转换，不然就会造成混乱，甚至闹出笑话。例如，小李对小王说："我明天上午不去语文组找郭老师了，请告诉老师一声。再帮我问问，后天晚上去她家里找她行不行。"如果小王当天下午在校门口碰上了郭老师的女儿珊珊，对她说这件事，他就得说："（珊珊），小李他明天上午不到语文组找你妈妈了，请你转告一声；他还问后天晚上去你家找她行不行。"如果小王在第二天一早，跑到语文组把这件事告诉郭老师本人，他就得这样说："郭老师，小李说他今天上午不来找您了，问明天晚上去您家找您行不行。"

【例 8-2】

屈原：南后在叫我吗？有什么事，你可知道？

子兰：不，我也不十分知道。不过我想，恐怕是为的张仪要走的事情吧。爸爸在今天中午要替他饯行呢。……我妈妈为了张仪要走，有点着急。昨天下午张仪同上官大夫一道突然来向我爸爸辞行。他说：秦国的国王尊敬爸爸，不满意齐国不友好的态度，所以愿意奉献商於之地六百里，请求楚国也和齐国绝交。爸爸竟然听信三闾大夫的话，不愿和齐国绝交，他没有面目再回到秦国去了。他要回到他的故乡魏国。又说他们魏国的美人很多，一个个就跟神仙一样，他准备找一位很好看的人来献给我爸爸啦。

这是郭沫若的话剧《屈原》中的一段对话。子兰向屈原转述张仪跟楚怀王的谈话，称秦王为"秦国的国王"，称怀王为"爸爸"，说到张仪，则称"他"，人称全都改变了。

【例 8-3】

下面是赵树理小说《李有才板话》的一小段。如果这位老杨同志"事后"对别人讲述这一段经历，该怎么说呢？

〔原材料〕过了阴历八月十五日，正是秋收时候，县农会主席老杨同志，被分配到第六区来检查督促秋收工作。老杨同志叫区农会给他介绍一个比较进步的村，区农会常听章工作员说阎家山是模范村，就把他介绍到阎家山去。

老杨同志吃了早饭起程，天不晌午就到了阎家山。他一进村公所，正遇着广聚跟小元下棋。他两个因为一步棋争起来，就没有看见老杨同志进去。老杨同志等了一会儿，还没有人跟他搭话，他就在这争吵中问道："哪一位是村长？"广聚跟小元抬头一看，见他头上箍着块白手巾，身上是白小布衫深蓝裤，脚上穿着半旧的硬鞋至少也有二斤半重。从这服装上看，村长广聚以为他是哪村派来的送信的，就懒洋洋地问道："哪村来的？"老杨同志答道："县里。"广聚仍问道："到这里干什么？"小元的棋快输了，在一边催道："快走棋嘛！"老杨同志有些不耐烦，便道："你们忙得很！等一会儿闲了再说吧！"说了把背包往台阶上一丢，坐在上面休息。广聚见他的话头有点不对，也就停住了棋，凑过来搭话。老杨同志也看出他是村长，却又故意问了一句："村长哪里去了？"他红着脸答过话，老杨同志才把介绍信给他。

〔口头转述〕过了八月十五日，正是秋收的时候，我作为县农会主席，被分配到第六区

63

去检查督促秋收工作。我叫区农会给我介绍一个比较进步的村，区农会常听章工作员说阎家山是模范村，就把我介绍到阎家山去。

我吃了早饭动身，天不晌午就到阎家山。一进村公所，正遇着两个人在下棋。他两个因为一步棋争起来，就没看见我进去。我等了一会儿，还没人跟我搭话，我就在这争吵中问了一句："哪一位是村长？"那两个人抬起头来，上下打量我。我那天头上箍着块白手巾，身上是白小布衫深蓝裤子，脚上穿着半旧的硬鞋——那鞋至少也有二斤半重。大概是从这打扮上看，其中一个把我当成哪村派去送信的，就懒洋洋地问道："哪村来的？"我回答说："县里。"他又问："到这里干什么？"另外一个人因为棋快输了，在一边催着说："快走棋嘛！"这时候我真有点不耐烦了，就说："你们忙得很！等一会儿闲了再说吧！"说完我就把背包往台阶上一扔，坐在上面休息。跟我搭话的那人见我的话头有点不对，也就停住了棋，凑过来跟我搭话。我看出他就是村长，但故意问了一句："村长哪里去了？"他红着脸答过话，我才把介绍信给他。

这一段转述，首先改变了人称——由第三人称变为第一人称，这在叙述中就少了不少自由，多了不少局限。例如，刚进村公所，"我"就不知道下棋的是广聚和小元，也不知道跟"我"搭话的人姓甚名谁；村长把"我"当作送信的，原来是肯定的陈述，由"我"说出，就只能是一种猜测，等等。另外，时间、空间也都变了，有的地方用语也得变，如"来检查督促"改为"去检查督促"，"派来的"改为"派去的"，等等。

2. 体式与风格的转换

不同场合有不同的要求，不同对象也有不同的需求，在重述某一语言材料时，要根据特定的需求作体式或风格的转换。如果给少年儿童讲历史故事，就不能用文言文，而要转换成现代语言；如果在故事会上讲《石壕吏》，就不能用诗的形式，而要采用故事的形式；如果原材料内容深奥，做普及宣传时就得深入浅出；如果原材料只是个梗概，为了取得吸引人的效果，也不妨通过想象适当增添一些情节，等等。这些都属于转述的范围。

【例8-4】

〔原材料〕法国莫里哀《悭吝人》第三幕第一场。

〔书面转述〕阿巴公的仆人都到齐了，在饭厅里排成一行。这天下午，阿巴公要把活儿分配给他们，为的是请客吃饭庆祝爱丽丝和昂赛米老爷的订婚礼。而在阿巴公家里，请客吃饭实在是件罕见的大事。

打头的是两个听差：上衣沾满了油迹的勃兰达瓦和裤子后裆全是窟窿的拉麦吕史。还有手扶住一把扫帚的女仆格罗特，当厨子的雅克大师傅，作总管的瓦赖尔。站在一边的还有怒气未消的克雷央特和外表平静、心里却打定主意不嫁给昂赛米老爷的爱丽丝。

阿巴公发号施令了。

"勃兰达瓦，拉麦吕史，你们负责洗杯子、上酒，不过要等客人们口渴时再斟；尤其要记牢的是多多掺水。格罗特婆婆，我把打扫的差使交给你，可你要小心，擦家具的时候别太用力，留神别把家具擦坏。"

但是一阵要求声暴风雨般地在他周围爆发了。

"老爷，我的上衣再也不能穿了。"一个说。

"我的裤子上满是窟窿。"另一个说。

阿巴公对每个人都有回答:

"你拿帽子盖住油迹;而你,只要靠着墙站,这样看见你衣服上窟窿的就只有墙了。"

他转身又向着自己的孩子说下去:

"你,我的姑娘,你要照管照管,不许糟蹋一点东西,不许有一点额外的开支;你,我的儿子,你对将来的继母可要笑脸相迎。"

又说:

"喂,雅克大师傅,我把你留到最末来打发。"

"先生,您是跟您的马车夫说话,还是跟您的厨子说话?因为我是您的马车夫又是您的厨子。"

雅克大师傅得知阿巴公是要找厨子说话,就脱下马车夫的外套露出一身厨子穿的白衣服。

两个人开始商议菜单,这事可很费唇舌。

雅克大师傅真是作难。要担保把客人招待好,就该给他钱才行!可是一提到钱,就把吝啬鬼气得脸色发青了。

瓦赖尔一直装得很像。

"雅克大师傅,"他一本正经地说,"你要知道,古人有过一句话:应该是为了生存才吃饭,而不是为了吃饭才生存。"

这句格言使阿巴公高兴极了,他发愿要把它用金字刻在壁炉上。

商议到最后,决定由瓦赖尔一个人去备饭,这样阿巴公才算完全放心,他深信这位狡猾的瓦赖尔是个最能体会他意图的人。

"油腻的什锦烩羊肉,另外再来些肉馅儿多加栗子面的包子。凡是不需多吃就可吃饱的东西都行。"

当阿巴公接着又吩咐把马车和马拉出来的时候,瓦赖尔和雅克大师傅吵起来了。雅克大师傅断定这些牲口瘦得这般可怜模样,实在是一点力气也使不出来了,他还说了其他许多实际情况,但是瓦赖尔为了讨好吝啬鬼,硬说这是他编出来的。

一场激烈的争论一触即发了。雅克大师傅想在阿巴公面前揭穿瓦赖尔,天真地把有关他的飞短流长一五一十地道了出来,想不到招来的却是一阵棒打,起先是阿巴公打,之后又是瓦赖尔打。

"挨东家揍就算了,"雅克大师傅心想,"不过这个傻总管可得还账。我总有办法报仇。"

果然,他不久就向瓦赖尔报了仇;我们就会看到他用的是什么手段。

这是由剧本到故事的转换,自然,体式与风格都改变了。剧本,主要是通过对话来展开故事、刻画人物,并辅之以舞台说明。变成了故事,许多东西要由"作者"直接地交代或描述出来,即使有对话,也要更简洁。因而,对原材料的详略、顺序,也都有若干的改动。这一切,都是为了适应"故事"的需要。

3. 内容侧重点的转换

在重述某一语言材料时,目的不全在于如实地传达它的本意,而是要借它来表达自己的某种意念,这就要作内容侧重点上的转换。《第二次考试》一文,写了一位教授爱才惜才,通过深入调查终于为国家选出了优秀人才的故事。它的侧重点在于颂扬这位教授。但小说中所写的是那位学生能正确处理个人利益和群众利益的关系,在人民群众遭受困难的时候,她不顾个人前程,坚持为群众服务,这对青年人有一定的教育意义。如果要用这小说来教育青年人,讲述故事时就要转到以学生为主的轨道上来。这就是侧重点的转换。你在论证某一观点时,常常要举出某个事例,但那事例原本不是为论证你这一观点而存在的,所以在引用时就要作角度的转换。同一事例,用它说明不同的观点,也就有不同的叙述角度。例如,大家都熟悉居里夫人的事迹,你可以说"居里夫人像蜡烛一样,燃烧了自己而照亮了别人",你也可以说"居里夫人像蜡烛一样,照亮了别人而燃烧了自己"。这两种表述都符合事实,但侧重点却有不同,前者强调的是"生命的价值",后者突出的是"牺牲精神"。而且,在这种转述中,可以渗入自己的情感和某种评价,复述则不允许这样做。

【例 8-5】丰子恺先生在 20 世纪 30 年代写过一篇题为"吃瓜子"的随笔,既讲了吃瓜子的美妙,又讲了吃瓜子的可怕。吃瓜子的美妙显而易见:闲暇时朋友聚在一块儿,一手夹着根香烟,一手握着把瓜子,且吸且嗑,且嗑且吃,且吃且谈,且谈且笑,那真是"交关写意"得很。小姐们吃瓜子更是来得美妙,不仅"的、的"声清脆悦耳,动作也妩媚窈窕,就是丢掉的瓜子壳,也如朵朵绽开的兰花……至于吃瓜子的可怕,则只有像丰子恺先生这样细心的人才能发现。他从食品店里瓜子的畅销,从家庭中满地的瓜子壳中看到,中国人在"的、的"的声音中消磨掉的时间,每年统计起来的数据惊人!瓜子的可爱在于它能消闲,瓜子的可怕也在于其能消闲。

本文转述的是丰子恺《吃瓜子》的部分内容。在转述中突出了两点:一是吃瓜子的美妙,二是吃瓜子的可怕。转述中还掺入了自己的话:"至于吃瓜子的可怕,则只有像丰子恺先生这样细心的人才能发现。"这句话的作用在于使自己转述的角度更鲜明。他要用丰子恺先生的文章来说明一个观点:消闲本身并无功过、美丑之分,关键是消闲的人要掌握好一个"度",过了"度",就可怕了。

【例 8-6】

〔原材料〕(齐)宣王好射,说人之谓己能用强也,其实所用不过三石。以示左右,左右皆引试之,中关而止,皆曰:"不下九石,非大王孰能用是!"宣王说之。然则宣王用不过三石,而终身自以为九石。三石,实也;九石,名也。宣王说其名而丧其实。

〔变角度转述一〕齐宣王好虚名。他本来只能拉动三石的弓,左右的人为了迎合他的虚荣心,就都说他的弓不下九石。因此他终身蒙在鼓里,还自以为能拉九石呢。这真是好虚名者得实害。

〔变角度转述二〕齐宣王本来只能拉动三石之弓,而他的左右拉他的弓时拉到一半就装作拉不动了,还都说:"这弓不下九石,除了大王您,谁还能用这么强的弓!"结果使得宣王到死都自以为能用九石的弓,受害终身。阿谀奉承实在害人不浅。

〔变角度转述三〕齐宣王本来只能拉动三石之弓,可他的手下都说他用的弓不下九石,在试拉他的弓的时候,一个个还都只拉到一半就装作拉不动的样子。为什么会这样呢?原来,齐宣王"说人之谓己能用强也","左右"的装模作样和虚伪赞词,正是为迎合他的虚荣心而产生的。"上有所好,下必趋焉",这就是一个很好的例证。

这个例子对同一材料做了三种不同的转述,角度各有不同:一种突出"好虚名者得实害",

一种突出"阿谀奉承害人不浅",一种突出"上有所好,下必趋焉"。要体现角度的不同,原材料中的信息哪些可用,哪些不用,先说哪句,后说哪句,以及如何表述材料中的因果联系,都有一些讲究。

实训任务

任务一　话筒传声

1. 实训目的

通过实训,学生应消除对复述的恐惧心理,激发对复述的兴趣。

2. 实训要求

(1)授课教师要对本次实训任务有整体的把握。

(2)授课教师要对本次实训的任务分配及其对应的分值予以详尽的介绍,如果是分组完成,要做好相应的协调工作。

3. 实施过程

教师对班级学生进行分组,每组轮流参加。教师准备好5句话,每句15个字左右,每组指定一名学生在教室里听教师或学生讲一句话,其余学生在场外等候,而后该组学生依次进教室,把教师或学生所讲的话通过话筒依次传给下一个人,看谁听得最认真,复述得最正确。每组训练过后,教师或其他学生进行点评,训练者自评。

任务二　复述成语故事

1. 实训目的

通过实训学生应熟悉复述的基本知识,掌握故事复述的基本要领,提高语言表达能力。

2. 实训要求

(1)授课教师要对本次实训任务有整体的把握。

(2)授课教师要对本次实训的任务分配及其对应的分值予以详尽的介绍,如果是分组完成,要做好相应的协调工作。

3. 实施过程

(1)教师分组,要求每组自定一个主题,每个主题分别由5个成语故事组成。

(2)小组抽签,两两对抗,互相指定对方成员讲述成语故事,讲述成语故事的一方指定另一方成员复述成语故事。

每组训练过后,教师或其他学生进行点评,训练者自评。

任务三　自由复述

1. 实训目的

通过实训学生应进一步掌握复述的基本要领,提高语言表达能力。

倾听与表达

2. 实训要求

（1）课教师要对本次实训任务有整体的把握。

（2）授课教师要对本次实训的任务分配及其对应的分值予以详尽的介绍，如果是分组完成，要做好相应的协调工作。

3. 实施过程

教师分组，要求学生准备一篇最值得推荐的文章。教师检查学生的准备情况，要求每组推荐一名学生上台复述推荐的文章内容，可采用 PPT 辅助复述。

每组训练过后，教师或其他学生进行点评，训练者自评。

拓展阅读

话说元旦中午吃了西餐，晚餐原本定的是在丁家大院，适合我家老人的口味。但女儿芳瑜惦记着小肥羊的刨饼，要求改成小肥羊。我和她爸担心老人晚上吃了涮肉不好消化，还是去了原本定的地方。我跟芳瑜约定，晚饭后回到家如果能复述下 10 个故事来，第二天就去吃小肥羊。

那天晚上回到家，芳瑜想把自己一天看的书，尽快给我复述下来。我发现复述故事确实不是一个简单的事。有些故事比如"牧羊人和夜莺"，他爸提前给她复述过，她复述的逻辑性就好很多，有时候还带一些感情色彩。如果白天自己看的，就想起哪块说哪块，顺序也对，就是感觉一点逻辑都没有。昨天她自己在家看了我的蓝色系列 10 本，临睡前，说让我随意提问任何一个故事，她都能复述下来，我提问了一本《去北京演出的妈妈》，整个复述过程中，芳瑜加了无数个"然后呢"，勉强算是通过了，于是我答应了她第二天吃小肥羊。

这让我突然想起我小时候，爸爸是我三年级的老师，晚上大家自愿地点上煤油灯上自习，爸爸觉得那么暗的灯光，会伤害孩子们的眼睛。于是，晚上的自习课，要么一起打算盘，要么是轮流讲故事。有的同学讲"吃马虎"，有的同学讲"孙猴子"。这可难坏了我，爸妈一次都没给我讲过故事。爸爸对我很严厉，我也不敢跟他讲话，不会的问题也不敢问他。爸爸说你就讲"司马光砸大缸"吧！我一听，头都大了，第一，我从来没有自己组织过语言，当众说过话；第二我觉得大家都学了这篇文章，我再来讲，很丢人。我是十分地不情愿，但又没有故事可讲，只能硬着头皮讲了下来，至今还记得当时的声音比蚊子声都小。再后来，村里有个男孩参军了，正赶上大兴安岭失火，家里人着急，他父亲不识字，接二连三找我爸帮忙写信。我爸在替他写信，他无事可干，就给我和弟弟讲惊险的故事，每次我们听得都很入迷，听过之后，又不免有些害怕，晚上走路的时候，总感觉后边有妖怪跟着，或者晚上睡觉的时候，不敢看窗子。这样也解决了我没有故事给同学讲的难题，只要感觉自己的故事比别人的新颖，就敢大声讲话，否则，就是蚊子哼哼，想尽快讲完，尽快逃离现场。我把我的经历讲给了芳瑜听，芳瑜觉得很新鲜，说妈妈，明天就给我弄一盏煤油灯。

……

第九章　介绍与解说

学习目标

通过本章的学习，学生应该能够根据不同的场合及对象，介绍自己和他人；能够抓住事物的特征进行解说，并合理安排解说事物的顺序。

案例导入

贵州省东南部最偏僻的苗族村庄，苗族女孩李建英正在等待着一个幸福时刻。这是父母半年来第一次回家。现在，流水线旁的打工妹，重新变回苗族母亲。正值稻花盛开，来不及休息，余高里准备给全家制作腌鱼。做腌鱼首先要制作甜米：糯米淘洗干净，上灶蒸，等糯米熟透，加酒曲发酵。鲤鱼吃饱了稻花，正是最肥最甜的时候，与其说捕获食材，不如说更像是一场户外亲子游戏。稻花鱼去内脏，在灶上摆放整齐，用微弱的炭火熏烤一夜，现在需要借助空气和风的力量，风干与发酵，将共同制造出特殊的风味。糯米布满菌丝，霉菌产生的各种酶，使淀粉水解成糖，最终得到爽口的酸甜。糯米混合盐和辣椒，一同塞进鱼腹中。稻花鱼可以直接吃，也适合蒸或油炸，不管用哪种做法，都盖不住腌鱼和糯米造就的迷人酸甜。然而最具吸引力的食材还藏在水底，每年八月，桥岗村不分老幼，全体出动，大家都在寻找一种东西——爬岩鱼——制作雷山鱼酱最关键的原料，出人意料的美味。鱼酱一年只能做一次，必须用最新鲜的辣椒，二荆条最好。生姜新鲜肥嫩主要用来去腥，木姜子，又称山胡椒，西南地区特有的佐料，带有浓郁而神秘的香气，大量的食盐保鲜提味，食材混合搅拌，装进坛子密封，美味慢慢酝酿。余高里夫妇在广东一家制衣厂打工，此次回乡，是因为自家的八亩玉米到了收获的季节，他们是家中的主要劳动力，加上房屋修缮等杂事，夫妻俩与家人可以团聚半个月的时间，半个月也是制作鱼酱的周期，乳酸菌和酵母菌促进香气的生成，挥发性有机酸，滋生出鱼酱独特的酸味，苗家最骄傲的调味品就是这样炼成的。一勺鱼酱，足以让最平常的食材陡然变得酸楚动人，这是一年中最美味的团聚，也注定是一顿百感交集的晚餐。在中国农村，约6100万孩子的成长，没有父母陪伴，这个数字相当于英国人口的总和，他们被称为留守儿童。李建英和哥哥为父母准备了一小坛鱼酱，清晨五点，分别的时刻到了，一坛家乡味，被带往1000公里外的他乡，也许有一天，它会以新的形式在他乡重现。

——《舌尖上的中国·脚步》解说词节选

基础知识

解说是一种解释说明事物、事理的表述法。说明文往往用言简意明的文字，把事物的形状、性质、特征、成因、关系、功能等解释清楚。解说是说明文的主要表达方法。议论文和记叙文中也常用到。解说的方法有概括解说、定义解说、分类解说、举例解说、比较解说、数字解说、图表解说、引用解说等。口语训练中的解说是在此基础上延伸出来的用语言表述的解说。根据对象的不同，解说大体可分为两种：介绍人物（介绍自己、介绍他人），解说事物（解说现象、解说景物）。

一、自我介绍

自我介绍，是在没有中间人的情况下自己介绍自己，实际上是一种自我推销。鉴于需要进行自我介绍的情况多有不同，因而进行自我介绍时的表述内容也有所不同。确定自我介绍的具体内容，应兼顾实际需要、所处场景，并应具有鲜明的针对性，切不可"千人一面"，一概而论。依照自我介绍时表述的内容的不同，自我介绍可以分为下述五种具体形式：

1. 应酬式

应酬式的自我介绍，适用于某些公共场合和一般性的社交场合，如旅行途中、宴会厅里、舞场之上、通电话时。它的对象，主要是进行一般接触的交往对象。对介绍者而言，对方属于泛泛之交，或者早已熟悉，进行自我介绍只不过是为了确认身份而已，故这种自我介绍的内容要少而精，往往只包括姓名一项即可。

应酬式的自我介绍内容最为简洁，例如：

"您好！我的名字叫张路。"

"我是雍纹岩。"

2. 工作式

工作式的自我介绍，主要适用于工作之中。它是以工作为自我介绍的中心。因工作而交际，因工作而交友。有时，它也叫公务式的自我介绍。

工作式的自我介绍的内容，应当包括本人姓名、供职的单位及其部门、担负的职务或从事的具体工作等三项，它们是工作式自我介绍内容的三要素，通常缺一不可。其中，第一项姓名，应当一口报出，不可有姓无名，或有名无姓。第二项供职的单位及其部门，最好全部报出，具体工作部门有时也可以暂不报出。第三项担负的职务或从事的具体工作，有职务最好报出职务，职务较低或者无职务，则可报出所从事的具体工作。例如：

"你好！我叫张奕希，是大连市政府外办的交际处处长。"

"我名叫付冬梅，在人民大学国际政治系教外交学。"

3. 交流式

交流式的自我介绍，主要适用于社交活动中。它是一种刻意寻求与交往对象进一步交流与沟通，希望对方认识自己、了解自己、与自己建立联系的自我介绍。有时，它也叫社交式自我介绍或沟通式自我介绍。

交流式自我介绍的内容,大体应当包括介绍者的姓名、工作、籍贯、学历、兴趣以及与交往对象的某些熟人的关系等。但它们不一定要面面俱到,而应依照具体情况而定。例如:

"我叫邢冬松,在北京吉普有限公司工作。我是清华大学汽车工程系2009级的,我想咱们是校友,对吗?"

"我的名字叫沙静,在天马公司当财务总监,我和您先生是高中同学。"

"我叫甄鹏鸣,天津人。我刚才听见你在唱蒋大为的歌,他是我们天津人,我特喜欢他唱的歌,你也喜欢吗?"

4. 礼仪式

礼仪式的自我介绍,适用于讲座、报告、演出、庆典、仪式等一些正规而隆重的场合。它是一种意在表示对交往对象的友好、敬意的自我介绍。

礼仪式的自我介绍的内容,也包含姓名、单位、职务等项,但是还应多加入一些适当的谦辞、敬语,以示自己礼待交往对象。例如:

"各位来宾,大家好!我叫范燕飞,是云海公司的副总经理。现在,由我代表本公司热烈欢迎大家光临我们的开业仪式,谢谢大家的支持。"

5. 问答式

问答式的自我介绍,一般适用于应试、应聘和公务交往。在普通性的交际应酬场合,它也时有所见。

问答式的自我介绍的内容,讲究问什么答什么,有问必答。

二、介绍他人

在社交场合,我们经常会为他人作介绍。为他人作介绍,应合乎礼仪。

(1)在公务交往中,介绍人应由公关礼仪人员、秘书担任;在社交场合,介绍人则应由女主人或与被介绍的双方均有一定交情者担任。

(2)被介绍者的先后顺序:尊者有权先了解情况,因此男士应先被介绍给女士、晚辈应先被介绍给长辈、下级应先被介绍给上级、客人应先被介绍给主人、迟到者应先被介绍给先到者。

(3)介绍的内容:为他人作介绍的内容大体与自我介绍的内容相仿。作为第三者介绍他人相识时先向双方打一声招呼,让被介绍的双方都有所准备。

(4)介绍的形式。由于实际需要的不同,为他人作介绍的形式也会有所不同。

① 简介式介绍。适用于一般场合,内容只有介绍双方姓名一项,甚至只提到双方姓氏即可。接下来,就由被介绍者见机行事。例如:"我来介绍一下,这位是张教授,你们认识一下吧。这位是刘教授,你们认识一下。"

② 标准式介绍。适用于正式场合,内容以介绍双方的姓名、单位、职务等为主。例如:"我来为两位引见一下。这位是天时音像公司公关部马菲小姐,这位是五彩云文化传播有限公司总经理林大力先生。"

倾听与表达

③ 强调式介绍。其内容除被介绍者的姓名外，往往还会刻意强调一下其中一位被介绍者与介绍者之间的特殊关系，以便引起另一位被介绍者的重视。例如："这位是我的女儿刘晓，请杨总多多关照。"

④ 引见式介绍。引见式介绍适用于普通的场合，介绍者所要做的是将被介绍者双方引到一起。例如，在一次联谊会上，主人可以这样说："大家以前都是校友，但有的不在一个年级，请大家相互认识一下吧。"

⑤ 推荐式介绍。推荐式介绍适用于比较正规的场合，介绍者是经过精心准备而来的，目的是将某人举荐给另一人，介绍时通常会对前者的优点加以重点介绍。例如："这位是肖飞先生，他是一位出色的外观设计人才，对企业管理很有研究，还是经济学博士。杜总，你们细谈吧！"

三、解说事物

要想把事物解说得充分，解说得明白，就要充分占有材料，力求做到言之有物、言之有序。

（一）解说事物的要求

1. 抓住事物特征，把握解说中心

任务事物都具有自身的质的特征，一个事物的特征是区别于其他事物的标志。解说时只有抓住事物的特征，才能把被说明的事物准确清晰地介绍给听众，让人们对事物有确切的了解。事物往往有多方面的特征，介绍时不可能面面俱到，只能根据需要，一次谈一两个。因此，要想解说得好，必须把握解说的中心。例如，《漫画圆周率》是一篇介绍数学基础的说明文。文章题为"漫话"，但并没有漫无边际地随意堆砌关于圆周率的材料，而是围绕求出圆周率的更精确数值这个中心，向人们介绍了古今中外的数学家对圆周率的数值所作出的贡献。

抓住事物特点，把握说明中心，这是解说事物的一个重要要求。要做到这一点，解说者必须对被说明的事物进行深入细致的研究，必须熟悉被说明的事物，认识并掌握被说明事物本身的规律性。

2. 针对具体情况，选好解说角度

解说什么、怎样解说，要根据对方的实际情况考虑，切合对方的知识水平、职业特点和年龄大小，使解说更具有针对性。例如，解说"吸烟有害健康"时，有的是针对老年人的，有的是对妇女而言的，有的是对青少年而言的。角度不同，说明的侧重点也不同。如果是针对青少年，解说可以侧重于分析青少年的生理特征，说明青少年接触毒性物质比成年人吸收快、排毒慢、危害大的情况，指出吸烟对青少年是有百害而无一利的。这样解说目的清楚，针对性强。又如，介绍牛的知识，如果是为饲养员解说，要侧重解说牛的生活习惯和特性；如果是为食用者解说，可以主要介绍它的营养价值。当然，作为科普知识的解说和介绍，不妨全面一点。

3. 务求解说清楚，做到条理分明

解说的目的就是让人获取知识，只有解说清楚，才能达到这个目的。所以解说要注意方法，注意结构的安排，注意语言的运用。解说要注意条理性，条理性是客观事物、事理本身的特点和规律的反映。解说事物、阐述事理要按照其本身的条理来安排次序，使之层次清楚，主次分明。

例如，要介绍产品制作过程，往往按照产品生产工序来安排结构，如叶圣陶的《景泰蓝的制作》是一篇介绍手工工艺品景泰蓝的文章。它按照制作工艺的程序，抓住"做胎"、"掐丝"、"涂色"、"烧制"、"打磨"五道关键工序依次作了详细具体的解说，全篇言之有序，给人的印象十分鲜明。这一类安排，以时间变化为序，着重写事物的过程。

4. 语言准确简明，文字通俗浅显

选用准确的语言，精当地解说事物的事理，才能如实反映被解说内容的客观情况，从而保证知识的科学性。相反，语言不准确就会失去知识的科学性。例如：

蝉的幼虫蜕皮是从背上开始的。先出来的一层旧皮从背上裂开，露出淡绿色的蝉来。先出来的是头，接着是吸管和前腿，最后是后腿和折叠着的翅膀，只留下尾边尖儿还在那层旧皮里。这时候，它腾起身子，往后翻下来，头部倒挂着，原来折叠着的翅膀打开了，竭力伸直。接着，用一种几乎看不清的动作尽力把身体翻上去，用前脚的爪子钩住那层旧皮。这个动作使它的尾巴尖儿从那层旧皮里完全脱出不了。那层旧皮就只剩下空壳，成了蝉蜕。从开始到完全脱出来，大约要半个钟头。

这段文字不到二百个字，具体说明了蝉的幼虫蜕皮的整个过程，用简明的语言把幼虫蜕皮的复杂动作细致而真切地表达了出来。文字不枝不蔓，语言富有表现力，给人清晰的印象。

此外，解说得好坏还依赖于对事物是否仔细观察，没有仔细的观察，就抓不准事物的特征，即使抓住了事物的特征，详细地表达出来也很难。所以，好的解说来源于对生活的观察，来源于对生活的深度思考。

（二）解说的形式

1. 诠释性解说

诠释性解说是用简约的语言说明事物的本质属性，并说清它与同属性事物的区别性特征。主要用于解释概念的内涵，揭示事物的某些特点，常用下定义的方法和作判断的句式表达。例如：

山楂中含有一种叫牡荆素的化合物，具有抗癌的作用。亚硝胺、黄曲霉素均可诱发消化道癌症的发生或加重，而实验研究表明，山楂提取液不仅能阻断亚硝胺的合成，还可抑制黄曲霉素的致癌作用。

2. 形象性解说

形象性解说是运用形象化的描述手段进行解说，也就是对人们不熟悉的事物或抽象的道理，运用描述的方法，以具体、生动的语言，打比方等说明方法，比喻、比拟等修辞手法，借助形象进行解说。例如：

倾听与表达

樱花是日本民族的骄傲。日本人民认为樱花具有高雅、刚劲、清秀质朴和独立的精神，它同雄伟的富士山一样，是勤劳、勇敢、智慧的象征。"欲问大和魂，朝阳底下看山樱"。日本人认为人生短暂，活着就要像樱花一样灿烂，即使死，也该果断离去。樱花掉落时，不污不染，很干脆，被尊为日本精神。

3. 阐明性解说

阐明性解说是对一种看法作符合逻辑的、言之成理的说明。它通过分析、推理、判断和归纳，得出令人信服的结论。阐明性解说常常运用举例子、作比较、列数字、抓特征、作分析等方法。例如：

中国是樱花主要原产地之一，早在秦汉时期，樱花栽培已应用于宫苑之中，唐朝时已普遍出现在私家庭园。"樱花"一词，最早见于唐朝李商隐的诗句："何处哀筝随急管，樱花永巷垂杨岸。"以后也有诗人多次提及，如元朝郭翼有"柳色青堪把，樱花雪未干"，明朝于若瀛有"三月雨声细，樱花疑杏花"等诗句。

……

从野生樱花的数量来看，中国比日本要多得多，但另一方面，似乎很少人知道，在日本培植了许多世界其他地方都看不到的品种。世界上共有 800 多个品种的樱花，日本就有 30 多个种类，300 多个品种。日本所有公园里，满目都是樱花。

4. 纲目性解说

纲目性解说是提纲挈领地分类别、分步骤地说明事物、事理的方法。这种介绍语言精练浓缩，以少胜多，常常给人以深刻的印象。纲目性解说常用的方法有列条款、分类别和按顺序等。例如：

如何摆脱无聊的纠缠：第一，对方迎面走来，不要主动同对方目光接触；第二，坦白说你正忙着，手头事情必须立即完成，不能奉陪；第三，对方不走，手上的事情千万别丢手；第四，对方仍不走，可以说"你走以前，我想请你看一样东西（如看花草、看小鸟）"，看后就说"好，今天就到这里吧"，顺势送出家门。

5. 谐趣性解说

谐趣性解说是指用诙谐幽默的语言来解说人、事、物，语言俏皮、有趣，从而使表达更有吸引力。例如：

朱元璋生于乱世之中……他几乎赤手空拳、单枪匹马，凭借着自己的勇气和决心建立了庞大的帝国。我们从一份档案开始看。姓名：朱元璋，别名（外号）：朱重八、朱国瑞；性别：男；民族：汉；血型：？；学历：无文凭，秀才举人进士统统不是，后曾自学过；职业：皇帝；家庭出身：（至少三代）贫农；生卒：1328—1398；最喜欢的颜色：黄色（这个好像没得选）；社会关系：父亲：朱五四，农民，母亲：陈氏，农民（不好意思，史书中好像没有她的名字）；座右铭：你的就是我的，我的还是我的……

——摘自《明朝那些事儿》，当年明月著

实训任务

任务一 介绍人物

1. 实训目的

通过实训，学生应能根据不同的场合及对象，介绍他人。

2. 实训要求

（1）授课教师要对本次实训任务有整体的把握。

（2）授课教师要对本次实训的任务分配及其对应的分值予以详尽的介绍，分组完成，要提前做好分组工作和协调工作。

3. 实施过程

教师可将学生以寝室为单位分成若干小组（也可以其他形式分组），学生分组讨论后，每组选出一位展示者对本小组的成员进行一一介绍。要求：

（1）展示者在介绍小组成员时，不要说出小组成员的名字，介绍完成后由其他组学生猜测被介绍成员的名字。

（2）展示者在介绍时，要能突出成员之间的不同特点。

（3）针对展示者存在的问题，学生评点和老师评点相结合。

任务二 解说事物训练

1. 实训目的

通过实训，学生应能够抓住事物的特征进行解说，能够合理安排解说事物的顺序。

2. 实训要求

（1）授课教师根据学生所学专业来安排任务。

（2）授课教师要对本次实训的任务分配及其对应的分值予以详尽的介绍，分组完成，要做好相应的协调工作。

3. 实施过程

教师在课前根据学生所学专业给出一些任务：

（1）假如学校来了一个参观团，请你对学校进行解说。

（2）介绍自己所学的专业，并说明自己选择本专业的缘由以及今后的打算。

（3）介绍一本书、一部电影、一种食物、一座城市（乡村）、一种风俗等，要求有条理地解说，并做适当评析，表明自己的看法。

拓展阅读

一说起唐代，我们立即就会想到唐诗。唐诗，是中国诗坛的珠穆朗玛峰，是一个无法企及的高度。唐诗，是中国诗坛的长江、黄河，以广阔的流域面积灌溉着中华民族的国土。据

倾听与表达

统计，全部唐诗，有五万五千多首，作者有三千六百多人。而且由于唐代刻版印刷术刚刚发明，印书还不是轻而易举的事，谁知道有多少诗歌流失了呢！盛唐重要诗人王之涣，就只剩下了六首诗，那么，整个唐代诗歌流失的数字，又有谁能统计出来呢？

唐代实行科举，进士一科尤其受人重视。考进士要考诗赋，诗作得好就有飞黄腾达的可能，读书人谁不想到这擂台上一试身手？流风所及，连和尚、道士、妓女等稍有些文化修养的人，都敢大大方方站出来赋诗一首，有不少人甚至还留有诗集。

唐代，是典型的诗歌时代，连政治、哲学都透着诗歌的芬芳。唐代的诗坛，不仅诗多，诗人多，而且还挺立着一队令后人肃然起敬的巨人，像李白，像杜甫，像韩愈，像白居易，等等等等，"不尽长江滚滚来"，一个接一个登场。宋朝以后的诗人创作时，都极力想跳进他们的磁场，却又无从着手；或是极力想跳出他们的磁场，却又无能为力。

于是，初唐四杰之一的王勃来了，放声一唱，就是"海内存知己，天涯若比邻"，看看这胸襟气度！在交通和通信工具都不发达的古代，山那边是什么样子都很少有人知道，天涯是不可能若比邻的。而这只有人充满自信，相信能自由自在地活着，不会有政治地震与任何外力来阻隔人相会的愿望，才能从容不迫地唱出这样的豪情。

于是陈子昂来了，像巨人一样挺立在幽州台上，面对着无限的时间与无限的空间，如春雷炸响一样高唱着"前不见古人，后不见来者。念天地之悠悠，独怆然而涕下。"多么悲壮的歌声，像从历史的深处腾出，不仅一声就唤醒了永远辉煌的盛唐诗，而且直到今天仍在中华大地上产生审美的冲击波！

于是那一群气势磅礴的边塞诗人来了，他们是盛唐的仪仗队，显示着盛唐的国威。王昌龄来了，高唱着战地进行曲："青海长云暗雪山，孤城遥望玉门关。黄沙百战穿金甲，不破楼兰终不还。"于是高适来了，他的千古绝唱《燕歌行》如钱塘江潮一般喷涌而来："汉家烟尘在东北，汉将辞家破残贼。男儿本自重横行，天子非常赐颜色。"于是岑参来了，这个渴望建功立业的诗人满怀激情地高唱着："走马西来欲到天，辞家见月两回圆，今夜不知何处宿，平沙万里绝人烟。"这群边塞诗人，或歌颂在保卫祖国的战争中一往无前的昂扬斗志，或诉说战争的艰苦和残酷，都那么英姿飒爽，气势灼人。因为他们是盛唐的诗人——盛唐诗坛的风云人物，喷发的是永远震撼人心的边塞英雄交响曲。

终于，李白来了，他配合时代的最强音，以惊动千古的气势唱出了"君不见黄河之水天上来，奔流到海不复回"。这是巨人昂首天外，用目光提起黄河滚滚狂涛向海里倾倒时才能找到的感觉。正是这个宣言"安能摧眉折腰事权贵，使我不得开心颜"的超级巨人，把盛唐精神推上了照耀千古的最高峰。

然而，盛极一时的唐王朝终于酿出了"安史之乱"，这一场延续了八年的战争，把盛唐气象一下扫得七零八落。于是，杜甫颜色憔悴、形容枯槁地走来了。这个悲天悯人的诗人，虽然到"安史之乱"爆发那一年已经四十四岁，但他唱不出盛唐的理想主义，唱不出盛唐的浪漫气质。他用嘶哑的歌喉唱出来的是"国破山河在，城春草木深"，是一片中唐的血泪，是目睹盛唐气象破灭的悲哀。

于是韩愈来了。这位个性极强、想把盛唐气象召唤回来以重新振起自信的诗人，开创了一个奇崛险怪的诗派。他大声疾呼，用诗一样的语言喊出了"物不得其平则鸣"的千古名言，显示出想用地震的强力重新推出一个高峰的魄力。

于是白居易来了，一出场就倔强地唱出了"野火烧不尽，春风吹又生"的坚韧，显示出唐王朝仍然是一个极有活力的存在。他发起了声势浩大的新乐府运动，诗歌的风格浅切平易，与韩愈的奇崛险怪双峰并峙，使唐诗呈现出又一个气象万千的新天地。

然而，唐王朝毕竟走上了无可挽回的下坡路。唐诗也从中唐的再度繁荣跌进了晚唐的衰飒。于是李商隐来了。他眼前一片朦胧，不知风从哪里来，也不知道路向哪里去。他的歌声是令人感伤的、低沉的，望着逐渐黯淡的黄昏，一唱一咽地低吟着："向晚意不适，驱车登古原。夕阳无限好，只是近黄昏。"他是在哀叹自己的不得意，可我们从中也看到了唐王朝的日暮途穷。

唐王朝，中国历史上的这一道辉煌，终于黯然熄灭了。唐诗也以寒蝉一样凄切的声音，唱出了最后的失落。韦庄站在南京古城墙上唱着："江南霏霏江草齐，六朝如梦鸟空啼。无情最是台城柳，依旧烟笼十里堤。"这是在哀悼六朝的沦落，也是为唐王朝送终，为唐诗留下最后的叹息。

文化系列片《唐之韵——唐诗》解说词节选

第十章 演 讲

学习目标

通过本章内容的学习，学生应明确什么是演讲，演讲具有哪些基本的特点；掌握演讲的基本方法，能够进行有效的演讲，做到开口能讲，语言雄辩，用词准确，语句简洁，逻辑性强，具有较强的感染力。

案例导入

亲爱的同学们、各位老师：大家上午好！

初夏的小荷露出了尖尖角，骄阳下的微风拂开了湖水的笑脸，花儿洋溢的是对硕果的期盼，碧波荡漾的是青春飞扬。今天，你们就要毕业了，在这"喜大普奔"的日子里，我代表学校党政和全校教职工向顺利毕业的2014届同学们表示最热烈的祝贺！向为培养你们成长成才付出辛勤劳动的老师们表示最衷心的感谢！

相见时难别亦难。同学们与环院朝夕相处、寒来暑往的那一千多个日日夜夜里，对学校、对老师、对同学已充满着浓浓的依恋之情。今天，你们即将告别母校、告别老师、告别你的小伙伴，分别之际，作为你们的校长、老师和朋友，我想和大家说几句心里话。

一、你们即将远行，请回首，看看那些烙下青春的身影

这些天，环院的校园里总是很热闹。即将毕业的和仍然在校的同学们兴高采烈，来往穿梭，既有合影留念，又有祝福叮咛，既有离别的伤感，又有怀念的情愫。作为老师，我也有点依依不舍。但六月是残忍的，一转身，校园便硬生生地扯断了、拽走了一段你们割舍不下的青春。

还记得，三年前，同学们怀揣愿景，满腹热情，从祖国的四面八方汇聚到了美丽的环院，开始了人生中最宝贵、最重要的一段旅程——大学生涯。

还记得，三年来，同学们追逐着寻梦的青春旅程，经历过第一次牵手、第一次逃课、第一次演讲、第一次主持、第一次操作实践，从稚嫩、懵懂、青涩到知礼、诚信、阳光、担当……你们比思想、比学识、比风度、比人品，你们"用家人都不造（知道）"的勇气和坚持，培养自己的气质和内涵，培养自己的终生竞争力。

忘不了，你们伴着晨曦，在校园里晨跑；顶着烈日，在篮球场上角逐；入校军训、田径运动会、大学生创新技能大赛上，留下了你们拼搏的身影；校园文化艺术节、宿舍文化节、技能竞赛节、职业生涯规划大赛、大学生创业园，展示了你们青春的风采。还有你们在微博上的吐槽、写的"舌尖日记"等时间都去哪儿了？还没有好好感受就毕业了。

忘不了，社团、教室、图书馆、文化中心、学术报告厅……都记录着同学们"高端大气上档次"的青春风采、"低调奢华有内涵"的团队精神和"no zuo no die，why you try"的张扬个性。

还记得为你打饭的"绝世好室友"，忘不了细心照料你的宿管老伯和阿姨；还记得"如果记忆可以重写，我希望当初坐在我身边的还是你"的同桌情，忘不了"毕业多年后，我们还能想起猜不出问题的你"的师生情；还记得那一场说走就走的旅行，忘不了那一段奋不顾身的爱情……

所有这些都是青春的美好记忆，正俄国诗人普希金所言，"那过去的事，都会变成甜蜜的回忆"。我相信，无论你们走到天涯还是海角，环院都会不时地出现在你们的脑海里、梦境里，定格在你们的人生中。

二、你们即将远行，请深信，你们是可以改变世界的人

习近平总书记在五四青年节与各界优秀青年代表座谈时指出：展望未来，我国青年一代必将大有可为，也必将大有作为。这是"长江后浪推前浪"的历史规律，也是"一代更比一代强"的青春责任。李大钊在《青春》一文中说：致我为青春之我，我之家庭为青春之家庭，我之国家为青春之国家，我之民族为青春之民族。所以，青年朋友们，请坚信，你们是可以改变世界的人，世界终究是你们的。

明天，你们将奔赴全国各地，成为实现中国梦的坚实力量。借此机会，向同学们提几点希望。

1. 为人，要敢于担当。

你们常说"理想很丰满，现实很骨干"，"理想总是会被现实打败"，"生活总是朝你喜欢的方向修改，而我们都输给了现实"。但是，"功崇惟志，业广惟勤"。理想指引人生方向，信念决定事业成败。没有理想信念，就会导致精神上"缺钙"。要有敢为人先的锐气，敢于上下求索的勇气，勇敢肩负起时代赋予的重任，志存高远，脚踏实地，为你们的明天、国家的明天放飞青春梦想。

2. 为学，要持之以恒。

同学们，你们正处于学习的黄金时期，应该把学习作为首要任务，作为一种责任、一种精神追求、一种生活方式，树立"梦想从学习开始、事业靠本领成就"的观念，让勤奋学习成为青春远航的动力，让增长本领成为青春搏击的能量。毕业离校，不是学习的结束，而是在更高起点上的开始。离开学校，进入没有固定模式的社会大课堂，面对的是社会的评价，需要同学们以大学所学为基础，继续学习。学习自然，学习他人，学习社会，努力提高，做出成绩。正如胡适先生所言，应当"时时寻一两个值得研究的问题"，去学习、去琢磨、去探究、去解决，就会有所贡献，就会赢得自己和他人的认可。

3. 为青春，要奋斗不息。

同学们，人的一生只有一次青春。现在，青春是用来奋斗的；将来，青春是用来回忆的。不要害怕吃苦，不要害怕挫折。要勇敢地说"我能吃苦"，而不是"我能吃"。常言道，"吃得苦中苦，方为人上人"，"风雨过后才会见彩虹"。年轻人要多经历一些苦痛、摔打、挫折、考验，才能练就宠辱不惊的心理素质、百折不挠的进取意志、乐观向上的精神状态，才能使人生获得升华和超越。习总书记说："只有进行了激情奋斗的青春，只有进行了顽强拼搏的

倾听与表达

青春，只有为人民做出了奉献的青春，才会留下充实、温暖、持久、无悔的青春回忆。"

三、你们即将远行，请珍重，记得母校永远牵挂着你们

"你总说毕业遥遥无期，转眼就各奔东西！"三年来，生态环院因你们而生机勃勃，因你们而美丽，而可爱，因你们而丰厚，而饱满。明天，你们就要远行，去开启属于你们的新的灿烂征程。但是，请记住，母校对你们的爱，"根本停不下来"。We just say Good Luck to you, not Goodbye.

同学们，请继续热爱和批评你们在这里度过美好年华的母校，但不要让别人对她指手画脚。请继续"骚扰"你亲爱的同学、师弟师妹，还有你的恩师。请继续在祖国的四面八方，创造你们的华美乐章，为母校增光添彩……

同学们，当你们失落、迷茫、消沉的时候，母校为你分忧，为你鼓励，为你呐喊；当你们获得成功的快乐、喜悦之时，母校为你欢呼，为你祝福，与你分享。

同学们，无论以后的人生旅途怎么样，别忘记告诉母校一声。因为黄昏时树影拖得再长，也离不开树根；你们无论走得多么远，也走不出母校对你们的思念，因为母校永远牵挂你们。

立雪亭下，把酒言欢，一蓑烟雨任平生；求知石前，执笔轻歌，两壶浊酒话离殇！（出自设计学院2014届毕业生周卫平的QQ说说）亲爱的同学们，你们即将远行，向你们道一声"祝福"，让我们在依依不舍中祝愿，祝愿同学们永远保持最真的笑脸，最阳光的心态；一声"加油"，让我们在深深思念中期待，期盼待到山花烂漫时，你在丛中笑；一声"珍重"，让我们在紧紧拥抱中祈祷，祈祷同学们在未来的旅途中顺风顺水、顺心顺意！

同学们，毕业虽易，工作不易，且行且珍惜！生存虽易，生活不易，且行且珍惜！相离莫相忘，且行且珍惜！

谢谢大家！

校长在2014届毕业生毕业典礼上的讲话

 基础知识

一、演讲的定义

演讲又叫讲演或演说，是指在公众场所，以有声语言为主要手段，以体态语言为辅助手段，针对某个具体问题，鲜明、完整地发表自己的见解和主张，阐明事理或抒发情感，进行宣传鼓动的一种语言交际活动。

二、演讲中的语言艺术

演讲是一门语言的艺术，它旨在调动听众情绪，并引起听众的共鸣，从而传达出你想要表达的思想、观点、感悟。标准的普通话是必需的条件。当然一些大演讲家普通话不一定非常标准，与人沟通时让人听懂也是一个重要的条件。注意语句的顿挫，当演讲如一首昂扬的乐曲时想不成功都难。互动、反问、诘问都是在演讲中引起观众思考，提高演讲质量的方法。

第一，演讲是一门独立的语言艺术。它重在用口语"讲"，但并不是所有的"讲话"、"说

话"都是演讲；演讲有"演"的成分，但不属于表演范畴。演讲者站在台上，是以自己的真实姓名和真实身份来阐述事理、抒发感情的，而不是戴着"面具"或以演员的身份为观众表演。因此，讲故事、朗诵等都不能算是演讲。演讲应是以"讲"为主、以"演"为辅的和谐统一的传递信息的活动。

第二，演讲是一门以"真"感人的艺术。它可以借鉴相声的幽默，也可以吸收诗歌朗诵的激情，或采用故事的曲折，但绝不可越出"真人、真事、真情、真理"的轨道，否则，演讲意义也就随之消失。

第三，演讲是借助主体形象、有声语言和态势语言，有中心、有条理地把自己的想法和观点传递给听众的一种语言艺术，而不是站在台上"侃大山"或自顾自地念稿、背稿。

三、演讲的特点

1. 针对性

演讲是一种社会活动，是用于公众场合的宣传形式。演讲要以思想、感情、事例和理论来晓喻听众、打动听众、"征服"群众，就必须有现实的针对性。所谓针对性，首先是作者提出的问题应当是听众所关心的问题，评论和论辩要有雄辩的逻辑力量，要能为听众所接受，这样，才能起到应有的社会效果；其次是要懂得听众有不同的对象和不同的层次，而"公众场合"也有不同的类型，如党团集会、专业性会议、服务性俱乐部、学校、社会团体、宗教团体、各类竞赛场合等，写作时要根据不同场合和不同对象，为听众设计不同的演讲内容。

2. 可讲性

演讲的本质在于"讲"，而不在于"演"，它以"讲"为主、以"演"为辅。由于演讲要诉诸口头，拟稿时必须以易说能讲为前提。如果说，有些文章和作品主要通过阅读欣赏来领略其中意义和情味，那么，演讲稿的要求则是"上口入耳"。一篇好的演讲稿对演讲者来说要可讲；对听讲者来说应好听。因此，演讲稿写成之后，作者最好能通过试讲或默念加以检查，凡是讲不顺口或听不清楚之处（如句子过长），均应修改与调整。

3. 鼓动性

演讲是一门艺术。好的演讲自有一种激发听众情绪、赢得好感的鼓动性。要做到这一点，首先要依靠演讲稿思想内容的丰富、深刻，见解精辟，有独到之处，发人深思，语言表达要形象、生动，富有感染力。如果演讲稿写得平淡无味，毫无新意，即使在现场"演"得再卖力，效果也不会好，甚至相反。

4. 整体性

演讲稿并不能独立地完成演讲任务，它只是演讲的一个文字依据，是整个演讲活动的一个组成部分。演讲主体、听众对象以及特定的时空条件，共同构成了演讲活动的整体。撰写演讲稿时，不能将它从整体中剥离出来。为此，演讲稿的撰写要注意以下几个方面：

首先，要根据听众的文化层次、工作性质、生存环境、品位修养、爱好愿望等来确立选题，选择表达方式，以便更好地沟通。

倾听与表达

其次，演讲稿不仅要充分体现演讲者独到、深刻的观点和见解，而且要对声调的高低、语速的快慢、体态语的运用进行设计并加以注释，以达到最佳的传播效果。

最后，还要考虑演讲的时间、空间、现场氛围等因素，以强化演讲的现场效果。

5. 口语性

口语性是演讲稿区别于其他书面表达文章和会议文书的重要方面。书面性文章无须多说，其他会议文书如大会工作报告、领导讲话稿等，并不太讲究口语性，虽然由某一领导在台上宣读，但听众手中一般也有一份印制好的讲稿，一边听讲一边阅读，不会有什么听不明白的地方。演讲稿则不同，它有较多的即兴发挥，不可能事先印好讲稿发给听众。为此，演讲稿必须讲究"上口"和"入耳"。所谓上口，就是讲起来通达流利。所谓入耳，就是听起来非常顺畅，没有什么语言障碍，不会发生曲解。具体要做到：

（1）把长句改成适听的短句。

（2）把倒装句改为常规句。

（3）把听不明白的文言词语、成语加以改换或删去。

（4）把单音节词换成双音节词。

（5）把生僻的词换成常用的词。

（6）把容易误听的词换成不易误听的词。

这样，才能保证讲起来朗朗上口，听起来清楚明白。

6. 临场性

演讲活动是演讲者与听众面对面的一种交流和沟通。听众会对演讲内容及时作出反应，或表示赞同，或表示反对，或饶有兴趣，或无动于衷。演讲者对听众的各种反应不能置之不顾。因此，写演讲稿时，要充分考虑它的临场性，在保证内容完整的前提下，注意留有伸缩的余地。要充分考虑到演讲时可能出现的种种问题，以及应付的对策。总之，演讲稿要具有弹性，要体现出必要的控场技巧。

四、演讲的主要功能

1. "使人知"演讲

这是一种以传达信息、阐明事理为主要功能的演讲。它的目的在于使人知道、明白。例如，美学家朱光潜的演讲《谈作文》，讲了作文前的准备，如选定文章体裁、构思、选材等，使听众掌握了作文的基本知识。它的特点是知识性强，语言准确。

2. "使人信"演讲

这种演讲的主要目的是使人信赖、相信。它由"使人知"演讲发展而来。例如，恽代英的演讲《怎样才是好人》，不仅告知人们哪些人不是好人，而且提出了三条衡量好人的标准，通过一系列的道理论述，改变了人们的旧观念。它的特点是观点独到、正确，论据翔实、确凿，论证合理、严密。

3. "使人激"演讲

这种演讲旨在使听众激动起来,在思想感情上与演讲者产生共鸣,从而欢呼、雀跃。例如,美国黑人运动领袖马丁·路德·金的《在林肯纪念堂前的演说》,用他的几个"梦想"激发广大黑人听众的自尊感、自强感,激励他们为"生而平等"而奋斗。

4. "使人动"演讲

这比"使人激"演讲进了一步,它可使听众产生一种欲与演讲者一起行动的想法。例如,法国前总统戴高乐在第二次世界大战期间的英国伦敦作的演讲《告法国人民书》号召法国人民行动起来,投身反法西斯的行列。它的特点是鼓动性强,多以号召、呼吁式的语言结尾。

5. "使人乐"演讲

这是一种以活跃气氛、调节情绪,使人快乐为主要功能的演讲,多以幽默、笑话或调侃为材料,常出现在喜庆的场合。这种演讲的事例很多,人们大都能听到。它的特点是材料幽默,语言诙谐。

五、演讲的基本格式

1. 根据演讲活动的性质与目的来确立讲题

所谓讲题,就是演讲的中心话题。演讲稿的撰写必须围绕一个有社会价值或科学价值、有现实意义或学术意义的特定问题展开,否则,将是无的放矢。

演讲者总是根据演讲的性质、目的来确定选题的。若被邀请作学术演讲,就应该介绍自己最新的研究成果或自己掌握的最新的学术信息,这样的话题才最具学术性。如果是在具有思想教育性的活动上作演讲,就应该针对现实中最新鲜的现象和听众最关心的问题发表见解。就连竞选演说和就职演说,也要根据听众的理想和愿望来选题。

2. 根据演讲主题与听众情况来选择材料

材料是演讲稿的血肉,所以材料的选择和使用在演讲稿的写作过程中是一个重要的环节。

首先,要围绕主题筛选材料。主题是演讲稿的思想观点,是演讲的宗旨所在。材料是主题形成的基础,又是表现主题的支柱。演讲稿的思想观点必须靠材料来支撑,材料必须能充分地表现主题,有力地支持主题。所以,凡是能充分说明、突出、烘托主题的材料就应选用,否则就舍弃,要做到材料与观点的统一。另外,还要选择那些新颖的、典型的、真实的材料,使主题表现得更深刻、更有力。

其次,材料的选择还要考虑到听众的情况。听众的政治素质、社会地位、文化教养,以及心理需求等,都对演讲有制约作用。因而,选用的材料要尽量贴近听众的生活,这样,不仅容易使他们心领神会,而且听起来也会饶有兴味。一般而言,针对青少年的演讲应形象有趣,寓理于事,举例要尽量选择他们所崇拜的人和有轰动效应的事;针对工人、农民的演讲,要生动风趣、通俗浅显,尽可能选取他们周围的人和发生在他们中间的事作例子。而针对知识分子的演讲,使用材料则必须讲究文化层次。

倾听与表达

3. 做好演讲素材收集，整体布局精心安排

不同类型、不同内容的演讲稿，其结构方式也各不相同，但结构的基本形态都是由开头、主体、结尾三部分构成。各部分的具体要求如下：

1）开头要先声夺人，富有吸引力

演讲稿的开头，也叫开场白，它犹如戏剧开头的"镇场"，在全篇中占据重要的地位。

开头的方式主要有如下几种：

（1）开门见山，亮出主旨。这种开头不绕弯子，直奔主题，开宗明义地提出自己的观点。例如，1914年李卜克内西的《在德国国会上反对军事拨款的声明》开头就说："我投票反对这项提案，理由如下：……"

（2）叙述事实，交代背景。开头向听众讲述一些新发生的事实，比较容易吸引听众倾听。如1941年7月3日斯大林《广播演说》的开头："希特勒德国从6月22日向我们祖国发动的背信弃义的军事进攻，正在继续着。虽然红军进行了英勇的抵抗，虽然敌人的精锐师团和他们的精锐空军部队已被击溃，被埋葬在战场上，但是敌人又从前线调来了生力军，继续向前闯进。……我们的祖国面临着严重的危险。"

（3）提出问题，发人深思。通过提问，引导听众思考一个问题，并由此造成一个悬念，引起听众欲知答案的期待。例如，曲啸的《人生理想追求》就是这样开头的："一个人应该怎样对待自己青春的时光呢？我想在这里同大家谈谈我的情况。"

（4）引用警句，引出下文。引用内涵深刻、发人深省的警句，引出下面的内容来。如演讲《我的思考与奋起》的开头就很精彩："一个人如果一辈子都不曾混乱过，那么他从来就没有思考过。"

开头的方法还有很多，此外不再一一列举。总之无论采用什么形式的开头，都要做到先声夺人，富有吸引力。

2）主体部分要层层展开，步步推向高潮

演讲稿的主体，要层层展开，步步推向高潮。所谓高潮，即演讲中最精彩、最激动人心的段落。在主体部分的行文上，要在理论上一步步说服听众，在内容上一步步吸引听众，在感情上一步步感染听众。要精心安排结构层次，层层深入，环环相扣，水到渠成地推向高潮。

主体部分展开的方式有以下三种：

（1）并列式。并列式就是围绕演讲稿的中心论点，从不同角度、不同侧面进行表现，其结构形态呈放射状四面展开，宛若车轮之轴与其辐条。而每一侧面都直接面向中心论点，证明中心论点。

（2）递进式。即从表面、浅层入手，采取步步深入、层层推进的方法，最终揭示深刻的主题，犹如层层剥笋。用这种方法来安排演讲稿的结构层次，能使事物得到由表及里的深入阐述和证明。

（3）并列递进结合式。这种结构，或是在并列中包含递进，或是在递进中包含并列。一些纵横捭阖、气势雄伟的演讲稿常采用这种方式。

3）结尾要干脆利落，简洁有力

演讲稿的结尾，是主体内容发展的必然结果。结尾或归纳，或升华，或希望，或号召，方式很多。好的结尾应收拢全篇，卒章显志，干脆利落，简洁有力，切忌画蛇添足，节外生枝。

实训任务

任务　演讲比赛

1. 实训目的

通过实训，学生应能够积极参与到演讲比赛中，并能主动公开展示自己；能够在公众场合进行 3~5 分钟脱稿演讲，姿态、语态较为自然，具有一定感染力；能够在演讲过程中有意识地进行自我及现场调控。

2. 实训要求

（1）授课教师根据学生所学专业提前一周提供演讲主题，让学生有话可说。

（2）授课教师要对本次实训的任务分配及其对应的分值予以详尽的介绍，如果是分组完成，要做好相应的协调工作。如时间允许，应鼓励每个学生都有机会展示自己。

3. 实施过程

（1）学生主持，宣布比赛规则，及比赛开始。

（2）每一轮每一小组派一名学生上台演讲，一轮结束之后，教师可做简要点评，并评选出本轮最佳小组，之后进入下一轮。每一小组再派另一学生上台演讲……以此类推。所有轮次结束，评选出本次演讲表现最佳的小组。

拓展阅读

雅典正在召开公民大会，辩论的主题是民主和独裁问题。只见一个不到 20 岁的年轻人身穿淡黄色礼服，头戴月桂花冠，自信地大步走上讲台。

"唉，怎么又是他？"听众中有人小声议论着，还夹杂着轻微的嘲笑声。这些，台上的小伙子都听到了。他不由得又想起了前几次的失败，心中不免有点发怵。但他还是鼓起勇气，开始了演说："公民们，我讲的是雅典必须坚持民……民主制……""怎么又口吃了？"他一急，又习惯性地耸了耸肩膀。"糟糕！"他心中暗暗叫苦，急得浑身发热，额上沁出了阵阵冷汗。台下的听众一阵骚动，有人干脆大声哄他下台，他又听到了不止一次听到过的哄笑声。他默默地走下台来，激动人心的长篇演说词又白准备了，他沮丧极了，懊恼极了，用手捂着脸，急忙往家跑去……

这个年轻人就是日后成为古希腊卓越的雄辩家和著名的政治家的德摩斯梯尼，这一年他 18 岁。德摩斯梯尼（公元前 384—前 322）的父亲是富有的雅典公民，在他 7 岁时就已去世。监护人肆意侵吞了他的财产，到他成年时留给他的还不及他应得的 1/12。为了索回遗产，德摩斯梯尼向雅典著名的演说家、擅长撰写遗产讼词的伊塞学习演说术。与监护人的财产纠纷延续了 5 年，在此期间，他发表了 5 篇演说词。

胜诉后的德摩斯梯尼成了著名律师，开始代人撰写法庭辩护词，但他更热切希望自己成为一名政治家。30岁时他开始政治生涯，直至逝世，他一直是雅典政坛的活跃人物。

在雄辩术高度发达的雅典，无论是在法庭里、广场中还是在公民大会上，经常有经验丰富的演说家的论辩。听众的要求很高，演说者的每一个不适当的用词，每一个难看的手势和动作，都会引来讥讽和嘲笑。

德摩斯梯尼天生口吃，嗓音微弱，还有耸肩的坏习惯。在常人看来，他似乎没有一点当演说家的天赋，因为在当时的雅典，一名出色的演说家必须声音洪亮，发音清晰，姿势优美，富有辩才。为了成为卓越的政治演说家，德摩斯梯尼做了超出常人几倍的努力，进行了异常刻苦的学习和训练。他最初的政治演说是很不成功的，由于发音不清，论证无力，多次被轰下讲坛。为此，他刻苦读书学习。据说，《伯罗奔尼撒战争史》他抄写了8遍；他虚心向著名的演员请教发音的方法；为了改进发音，他把小石子含在嘴里朗读，迎着大风和波涛讲话；为了去掉气短的毛病，他一边在陡峭的山路上攀登，一边不停地吟诗；他在家里装了一面大镜子，每天起早贪黑地对着镜子练习演说；为了改掉说话耸肩的坏习惯，他在头顶上悬挂一柄剑，或悬挂一把铁钗；他把自己剃成阴阳头，以便能安心躲起来练习演说……

德摩斯梯尼不仅训练自己的发音，而且努力提高政治、文学修养。他研究古希腊的诗歌、神话，背诵优秀的悲剧和喜剧，探讨著名历史学家的文体和风格。柏拉图是当时公认的独具风格的演讲大师，他的每次演讲，德摩斯梯尼都前去聆听，并用心琢磨大师的演讲技巧……

经过十多年的磨炼，德摩斯梯尼终于成为一位出色的演说家，他著名的政治演说为他建立了不朽的声誉。他的演说词结集出版，成为古代雄辩术的典范，打动了千千万万读者的心。

第十一章 辩 论

学习目标

通过本章节学习，学生应了解什么是辩论以及辩论的特点，掌握辩论的基本方法，能够进行有效的论辩。在教学实践中做到语言雄辩，用词准确，语句简洁，逻辑性强，能对辩论主题进行考查、鉴定、分析，用一定的理由来说明自己对事物或问题的见解，揭露对方的矛盾，以便最后得到正确的认识或共同的意见。具有较强的攻击力和雄辩色彩。

案例导入

庄子与惠子游于濠梁之上。庄子曰："鱼出游从容，是鱼之乐也。"惠子曰："子非鱼，安知鱼之乐？"庄子曰："子非我，安知我不知鱼之乐？"惠子曰："我非子，固不知子矣；子固非鱼也，子之不知鱼之乐，全矣！"庄子曰："请循其本。子曰'汝安知鱼乐'云者，既已知吾知之而问我。我知之濠上也。"

这就是辩论史上非常著名的庄子鱼乐之辩。具体解说如下：

一天，庄子和惠子在一条名叫濠水的河流的桥上游览，庄子对惠子说："你看水里的鱼悠然自得地游来游去，这些鱼非常快乐。"惠子不太同意庄子的说法，就反问："你不是鱼，怎么能知道鱼是快乐的呢？"庄子反驳："那你也不是我，怎么能知道我不知道鱼是快乐的呢？"惠子抓住不放："我不是你，当然不知道你；可你当然也不是鱼，所以，你也不知道鱼是不是快乐的，这个论证完整了。"到这里，我们已经可以体会到所谓"运用逻辑推理进行纯概念思考"是怎么一回事了，但是，这些还不够，庄子接下来的对答将思辨发挥得淋漓尽致："且慢，我们看一看事件是如何开始的。惠子你刚才说的'你怎么能知道鱼是快乐的呢？'这句话就因为你已经知道我知道鱼是快乐的，所以才来问我。因此，我可以告诉你，我是在濠水河的桥上知道鱼是快乐的。"这就是典型的思辨，直到20世纪80年代，哲学家才说出类似的话："如果我不知道我看不见，则我看不见；但如果我知道我看不见，则我看见了。"庄子的话比这位哲学家说得更完整，因为这种离开具体事物而仅通过逻辑推理进行纯概念思考的方式，通常会将最开始所提出的问题代入回答该问题的答案之中，进而形成循环或是悖论。思辨不仅带来了逻辑推理的思维方式，也带来了循环论证和悖论。

辩论的本质源于博学、智慧、涵养、推理与口才。大凡有人群的地方总少不了"辩"。中国自古就有推崇辩论的传统。"辩"，是为了认识和掌握真理；"论"则是为了诠释和捍卫观点。辩论的目的是辨真伪、论是非、究事理。

基础知识

一、辩论的定义

辩论通常是观点对立的双方就一个有争议的问题，以驳倒对方的观点，树立己方观点为目的的口才训练的高级形式。

二、辩论的基本特点

1. 实用性

生活充满着矛盾，解决矛盾，明辨是非，维护真理，就离不开论辩。大到国家外交、商务谈判、法律诉讼，小到日常生活中的口角、纠纷，甚至玩笑都会用到论辩。它可以明辨是非，提高人们的思想水平，锻炼和培养人们思维的敏捷性、语言的条理性和艺术性，进而提高口语表达能力。

2. 对抗性

辩论是双方站在尖锐对立的立场上，通过论辩确立自己的观点，否定对方观点。因此，观点的对立和语言的对抗是辩论的主要特征。例如：

近朱者赤，近墨者黑。（正方）
近朱者未必赤，近墨者未必黑。（反方）
家大业大也不能浪费。（正方）
家大业大，浪费促进社会发展。（反方）

3. 技巧性

辩论的取胜之道全在一个"巧"字，有时甚至观点不一定正确。辩论的技巧主要表现在以下两个方面：一是及时、适当地运用论辩技法；二是语言准确、简洁、生动、有攻击力，具有雄辩色彩。

辩论是口才训练的高级形式，辩论者只要坚守住自己的观点从一个角度进行辩论，就可以取胜。例如，论证"家在业大，浪费促进社会发展"的观点，可举如下例子作为支持："我刚买了一件裘皮大衣，我不喜欢它的样式我就把它放入箱底淘汰掉，再买件新的。我家境殷实，就是题目所说的'家大业大'，我的购买促进了裘皮业的发展。"从不同的角度看问题，辩论就有可能发生逆转，有的时候掌握一定的论辩技巧，也可以取胜。

4. 口语性

论辩中信息是通过声音双向、快速传递的，口语性较强，信息量大。

三、辩论的基本种类

1. 实用类辩论

实用类辩论是指诸如外交、军事、商务谈判、法庭辩论，以及其他日常生活中为解决实际问题而进行的辩论。

2. 竞赛类辩论

竞赛类辩论是针对某一辩题，双方在主持人的协调下按一定程序进行的有组织、有听众、有评判的辩论。辩论赛是在正反双方之间进行的。双方人员组成一般是设主辩（或称一辩）一人，助辩（或称二辩、三辩、四辩）1~3人。组成成员各司其职，又协同作战。主辩第一个发言，任务是阐明本方观点及其主要依据。发言时间稍长，大约2分钟左右。助辩的任务主要是从各个不同的角度支持主辩的观点，同时反驳对方的观点。双方在主持人的协调下，按一定的程序参加辩论。

辩论赛的规则是人为制定的，它可依据场地、参加人员进行设定。为了训练方便，我们的训练规则定为：一辩陈辞2分钟，正反方共计4分钟；自由论辩共计9分钟，正方辩手首先发言，然后反方辩手发言，正反方交替发言，用尽时间即可；总结性陈辞共计4分钟，反方四辩首先发言，限时2分钟，然后正方四辩做总结性发言，限时2分钟。

四、辩论的基本技法

辩论的取胜之道全在一个"巧"字，就是针对敌论的破绽，恰当地运用辩论技法，一矢中的，达到以巧破千斤的效果，致论敌于"死"地。要做到这一点，就要掌握一些常用的辩论技法。

1. 归谬法

归谬法即先假定对方的错误辩题是正确的，然后以这种假设为充分条件，推出一个显然荒谬的结论，从结论的荒谬中，必然显现对方论题的荒谬性的反驳方法。

例如，明代科考中，为了防止考生顶替舞弊，考生在考前填写报考表时，应在相貌特征栏内说明自己的相貌特征（因为那时没有照片）。某考生在该栏内写了"微须"二字。考官看了报考表，又看了考生，大发雷霆："好大的胆子，竟敢冒名顶替！""为什么说我冒名顶替？""你报考表上明明写着没有胡须，怎么嘴上长着小胡子？相貌不符，还不是冒名顶替吗？""我表上明明写的微须，怎么说写着没有胡须？""'微'就是'没有'之意，范仲淹在《岳阳楼记》中'微斯人，吾谁与归'一句中的'微'，就是'没有'的意思。"考生这才明白，考官只知其一，不知其二。于是他反唇相讥："古书云，'孔子微服过宋'，如果'微'只作'没有'讲，孔子岂不是赤身裸体到了宋国去了？"考官瞠目结舌，无言以对。

2. 诠释法

诠释法即通过揭示概念或论题的含义进行辩论的方法。

例如，据报载，吴某因某女不愿继续与其恋爱而毁了某女的容貌。在法庭辩护阶段，公诉人在分析吴某的犯罪思想时指出，吴某在日记里多次记载要用各种手段报复某女，可见其早已萌发了犯罪思想。吴某的辩护人接过话头说："公诉人不应该把日记上的东西作为证据使用，《中华人民共和国刑法》没有规定思想犯罪。"公诉人当即答辩道："我所说的是'犯罪思想'而不是'思想犯罪'，这是两个根本不同的概念。'犯罪思想'指的是犯罪分子的主

倾听与表达

观心理状态，这是犯罪构成的一个重要方面，如果不考察它，就无法弄清其犯罪的动机和目的，也就难以确定是故意犯罪还是过失犯罪，辩护人怎么能把两个完全不同的概念混为一谈，因废除'思想犯罪'而否定研究'犯罪思想'呢？"不难看出，辩护人企图将"犯罪思想"偷换成"思想犯罪"，以阻止公诉人分析罪犯的犯罪思想，达到解脱罪犯故意犯罪的罪责的目的。公诉人及时阐述了"犯罪思想"的概念含义，迫使辩护人缴械投降。

3. 证明法

人们常说"事实胜于雄辩"，确凿、客观、公正的事实或数字，往往具有很强的说服力。在论辩中，有时并不需要过多的逻辑技巧，只需要把事实或数字一摆，是非一目了然。

例如，1990年山东大学学生会曾就进口汽车的问题进行过一场辩论，辩论者分为赞成、反对两大阵营，双方各抒己见，据理力争。双方均认为进口汽车有利有弊，有得有失，但赞成一方认为利大于弊，得大于失，反对一方则认为正好相反。最后赞成一方的代表总结说："进口汽车虽然用去了一些经费，但也刺激和带动了本国汽车工业的发展，总起来看，还是利大于弊、得大于失。"这时反对一方的代表反驳说："怎么能说'用去了一些经费'呢？'一些'究竟是多少？请看这笔巨大的经费事实：据报载，1981年至1986年五年里，全国进口汽车的费用达52亿美元。这笔钱用于国防建设，可以建成一个航空母舰舰队；用于科研，能上投资百万人民币的大型科研项目2万多个；用于提高工资，全国职工工资可提高28.6%。这些数字足以表明进口汽车热所带来的严重弊病。"面对确凿无误的数字和事实，赞成一方语塞无词，只好败下阵来。

4. 反证法

反证，就是与论点相反的例子。面对武断的错误的论断，若能举出与错误论断相矛盾的事例来，而事例又是众所周知或举世公认的事实，这无疑是对错误论断的毁灭性打击。

例如，日本东京大学佛学教授柳田圣山先生参观上海玉佛寺，在大雄宝殿，柳田就洪钟使用的规矩、方法请教玉佛寺的法师，法师说："庙里做隆重佛事的时候，七七四十九天，日日夜夜都要敲击洪钟。"柳田面带轻蔑的微笑说"'七七'期间，白天敲，夜里是不敲的。因为佛教的规矩是'晨钟暮鼓'，况且夜里敲钟，佛经经典上也无此记载。"法师没有争辩，柳田更面露得意之色。后来他们一起来到卖品部，柳田站在清代书法家俞樾手书的唐人张继诗《枫桥夜泊》作品前，仔细赏玩，喜爱备至。这时法师走上前去，随手在"寒山寺"、"夜半钟声"句上画了两个圈，提醒柳田注意。柳田略有所思，随即大为震惊，马上立正、低头、合掌，连连向法师道歉致谢。

5. 类比法

类比法是通过两个或两类事物的一些属性相同，推出他们的其他属性也相同的逻辑方法。这是反驳对方命题时常用的一种方法。

例如，20世纪30年代，英国商人威尔斯蓄意敲诈，与香港茂隆皮箱行签订合同，订购3000只皮箱，价值20万港元，如逾期或不按质量交货，由卖方赔偿损失50%。茂隆皮行如期交货，威尔斯却说皮箱中有木料，不是皮箱，而合同中写明是皮箱，因此向法庭提出控诉，要求按合同规定赔偿损失。著名律师罗文锦在法庭上为茂隆皮箱行辩护。

他取出口袋中的金表问法官："这是什么？"法官答："是金表。"罗律师又对法庭上所有的人说："这金表除表壳是镀金的外，它的内部机件都是金制的吗？"旁听者纷纷议论："当然不是。"罗律师说："那么人们为什么又叫它金表呢？"可见茂隆皮箱行的皮箱案是原告存心敲诈。原告理屈词穷，法庭只好以威尔斯诬告罪罚款 5000 元结案。罗律师正是用"金表中的机件不是金的，而人们公认为金表"的事实针对"箱中有木料就不是皮箱"的命题进行类比，驳斥对方，获得胜诉的。

五、正规辩论赛的基本组成要素

1. 参赛人员

近年来流行的大型辩论赛，一般由 8 个人参与，每队 4 人。各参赛队中的 4 名成员分为主辩、一辩、二辩、三辩手；亦有分为一辩、二辩、三辩手及自由发言人等，并按此顺序，由辩论场的中央往旁边排列座位。但有时也会有不同情况。其中，一辩主要是阐述本方观点，要具有开门见山的技巧和深入探究的能力，要能把观众带入一种论辩的氛围中，所以要求一辩具有演讲能力和感染能力；二、三辩主要是针对本方观点，与对方辩手展开激烈角逐，要求他们具有较强的逻辑思维能力和非凡的反应能力，要能抓住对方纰漏加以揭露并反为己用，要灵活善动，幽默诙谐，带动场上气氛；四辩要能很好总结本方观点，并能加以发挥和升华，要求有激情，铿锵有力，把气氛引入另一高潮。

1）主持人

辩论竞赛活动，要有一名主持人，亦称主席，主持辩论活动。他（她）负责维护辩论会场的秩序，保障辩论活动按照辩论规则有秩序地进行。主持人坐在两个参赛队中间、比参赛人员座位稍后一点的中央位置，便于观察整个辩论会场的情形。

2）评判人员

辩论赛既然是一种竞赛活动，那么，参赛者谁胜谁负，需要有人作出评论和裁判。评判人员必须是具有与辩论内容相关的有专门知识的人员，他们一般由数人组成评委或评判团，其中设一名评委主任或一名执行主席，主持评委或评判团会议进行评判。

3）公证人

正规的辩论赛，一般都有公证人到场，负责对辩论竞赛活动及竞赛结果进行公证，为辩论赛活动及有关人员提供法律认可的证据。有些辩论赛也可以不要公证人。

2. 辩论规则

通常的辩论规则主要有：第一，有多支参赛队参加的辩论竞赛实行淘汰赛，经过初赛、半决赛、决赛，决定优胜者。第二，要规定正反双方 8 名辩手发言的次序。第三，要规定发言时限。

3. 确定辩题

参加辩论竞赛的双方辩论什么？围绕什么问题来展开辩论？这就要确定辩论题，让参赛

倾听与表达

双方围绕辩论题，从正反两个方面进行辩论。确定什么样的辩论题，对辩论赛活动影响很大，它决定了辩论内容的范围，还影响着双方辩论能否很好地展开。从辩论赛的实践经验看，选择辩题，要着重把握两点：第一，是辩题的现实意义。即辩题本身是不是人们关注的问题。通过辩论能不能给人们一种思想启迪，这不但影响听众对辩论赛的热心程度，而且影响参赛人员的热心程度，最终会影响辩论赛的气氛和效果。第二，是辩题的可辨性。如果辩题所规定的一方观点明显是正确的，另一方观点明显是错误的，缺乏可辨性，那么，观点明显错误的一方不能有力地反驳对方观点，同时因为观点明显错误，怎么辩也难以说服对方，给人的印象总是缺乏说服力，因而对方也不容易深入地论证自己的观点，最终会使双方难以深入地展开辩论，影响辩论效果。

4. 辩论赛规则

1）程序

（1）辩论赛主席宣布辩论赛开始，公布辩题。

（2）辩论赛主席介绍参赛代表队及所持立场，介绍参赛队员。

（3）辩论赛主席介绍评委及点评嘉宾。

（4）双方开始辩论。

（5）观众自由提问。

（6）评委及点评嘉宾退席评议。

（7）评委入席，点评嘉宾评析发言。

（8）辩论赛主席宣布比赛结果，辩论赛结束。

2）细则

（1）时间提示：自由辩论阶段，每方使用时间剩余 30 秒时，计时员以一次短促的铃声提醒；用时满时，以钟声终止发言。攻辩小结阶段，每方使用时间剩余 10 秒时，计时员以一次短促的铃声提醒，用时满时，以钟声终止发言。其他阶段，每方队员在用时尚剩 30 秒时，计时员以一次短促的铃声提醒，用时满时，以钟声终止发言。终止钟声响时，发言辩手必须停止发言，否则作违规处理。

（2）陈词：提倡即兴陈词，引经据典要恰当。

（3）开篇立论：立论要求逻辑清晰，言简意赅。

（4）攻辩：

① 攻辩由正方二辩开始，正反方交替进行。

② 正反方二、三辩参加攻辩。正反方一辩作攻辩小结。正反方二、三辩各有且必须有一次作为攻方：辩方由攻方任意指定，不受次数限制。攻辩双方必须单独完成本轮攻辩，不得中途更替。

③ 攻辩双方必须正面回答对方问题，提问和回答都要简洁明确。重复提问和回避问题均要被扣分。每一轮攻辩，攻辩角色不得互换，辩方不得反问，攻方也不得回答问题。

④ 正反方选手站立完成第一轮攻辩阶段，攻辩双方任意一方落座视为完成本方攻辩，对方选手在限时内任意发挥（陈词或继续发问）。

⑤ 每一轮攻辩阶段时间为 1 分 45 秒，攻方每次提问不得超过 10 秒，每轮必须提出三

个以上的问题。辩方每次回答不得超过 20 秒。用时满时，以钟声终止发言，若攻辩双方尚未完成提问或回答，不作扣分处理。

⑥ 四轮攻辩阶段完毕，先由正方一辩再由反方一辩为本队作攻辩小结，限时 1 分 30 秒。正反双方的攻辩小结要针对攻辩阶段的态势及涉及内容，严禁脱离比赛实际状况的背稿。

（5）自由辩论：这一阶段，正反方辩手自动轮流发言。发言辩手落座视为发言结束，即为另一方发言开始的计时标志，另一辩手必须紧接着发言；若有间隙，计时照常进行。同一方辩手的发言次序不限。如果一方时间已经用完，另一方可以继续发言，也可向主席示意放弃发言。自由辩论提倡积极交锋，对重要问题回避交锋两次以上的一方扣分，对于对方已经明确回答的问题仍然纠缠不放的，适当扣分。

（6）观众提问：正反方各回答两个观众提出的问题，双方除四辩外任意辩手作答，一个问题的回答时间为 1 分钟，如一位辩手的回答用时未满，其他辩手可以补充（问题须经过半数以上评委审核，辩手方可作答）。

（7）结辩：辩论双方应针对辩论会整体态势进行总结陈词；脱离实际，背诵事先准备的稿件，适当扣分。

（8）评选：根据所有辩手的表现，评选出最佳辩手。最佳辩手要求：自信大声，有感情，能言善辩。

实训任务

任务　进行辩论比赛

1. 实训目的

通过实训，学生应掌握辩论的内涵，了解辩论的特点，体会辩论的特征；能够利用合理的辩论技巧有效地反驳别人。

2. 实训要求

（1）授课教师要选择一个好的辩论题目，让双方有话可说。

（2）授课教师要对本次实训的任务分配及其对应的分值予以详尽的介绍，如果是分组完成，要做好相应的协调工作。

3. 实施过程

（1）教师提前一周（或更早）安排代表组织辩论队。确定主持人 1 名，正反方领队各 1 名，正反方一至四辩共 8 名，现场评委 5～7 人（评委根据现场情况进行点评，每人点评 1～2 分钟）。余下学生作为现场观众。

（2）教师提前一周（或更早）将辩论赛材料发给双方领队。双方领队分别组织辩论队，成员分角色辩论。

（3）现场模拟辩论。

（4）现场评比、观众点评、教师小结。

倾听与表达

拓展阅读

赵王封弟弟赵胜为平原君。平原君好养士，门下的食客常有几千人。其中有个公孙龙，善于做"坚白同异"的辩论考证，平原君尊他为座上宾。孔穿从鲁国来到赵国，与公孙龙辩论"奴婢有三个耳朵"的观点，公孙龙辩解十分精微，孔穿无以对答，一会就告辞了。第二天他再见平原君，平原君问："昨天公孙龙的一份论述头头是道，先生觉得如何？"孔穿回答说："是的，他几乎能让奴婢真的长出三只耳朵来。说起来虽然如此，实际上是困难的。我想再请教您：现在论证三个耳朵十分困难，又非事实；论证两个耳朵十分容易而且属事实，不知道您将选择容易、真实的，还是选择困难、虚假的？"平原君也哑口无言。第二天，平原君对公孙龙说："您不要再和孔穿辩论了，他的道理胜过言辞，而您的言辞胜过道理，最后肯定占不了上风。"

邹衍路过赵国，平原君让他和公孙龙辩论"白马非马"的观点。邹衍说："不行。所谓辩论，应该区别不同类型，不相侵害；排列不同概念，不相混淆；抒发自己的意旨和一般概念，表明自己的观点，让别人理解，而不是困惑迷惘。如此，辩论的胜者能坚持自己的立场，不胜者也能得到他所追求的真理，这样的辩论是可以进行的。如果用繁文缛节作为凭据，用巧言饰辞来互相诋毁，用华丽辞藻来偷换概念，吸引别人使之不得要领，就会妨害治学的根本道理。那种纠缠不休，咄咄逼人，总要别人认输才肯住口的做法，有害君子风度，我邹衍是绝不参与的。"在座的人听罢都齐声叫好。从此，公孙龙便受到了冷落。

第十二章 沟 通

学习目标

通过本章的学习，学生应领会赞美、批评、道歉、拒绝和劝慰五种沟通技巧的使用原则；掌握与人相处的道德准则、相处艺术和相处技巧；掌握赞美、批评、道歉、拒绝和劝慰的运用策略；能够在沟通中灵活恰当地运用沟通技巧，从而改善人际沟通效果。

案例导入

我住的地方，靠近纽约中心。从家里出门步行一分钟，就是一片森林。我常常带着雷斯到公园去散步；它是一只温驯而不伤人的小狗，因为公园里游人稀少，我一般不给它系上狗链或戴口罩。

有一天，在公园碰到一位骑马的警察。他严厉地拦住我们，问："干嘛不给它系上链子？"他训斥道："不知道这是违法的吗？"

"是的，我知道。"我连忙温和地回答，"不过我的狗从来不咬人。"

"不咬人？这是你自己的想法，法律可不管你怎么想。他可能在这里咬死松鼠，也可能咬死小孩。这次我不追究，下次我再看到这只狗不系链子，不戴口罩，你就只好去跟法官解释了！"

我客气地点头，连说"遵命"。我的确照办了，可是雷斯不喜欢戴口罩，有一次我决定再碰碰运气。这天下午，雷斯和我在一座小山坡上赛跑，突然间，糟了，我又碰上了那位执法大人，雷斯跑在前头，直向他冲去。我知道这回要倒霉了。于是不等警察开口，就抢在他前头说："警官先生，这下你当场抓到我了。我确实有罪，触犯了法律。你在上个星期就警告过我了。"好说，好说。"警察说话的声调意外的温和。

"我知道在没有人的时候，谁都会忍不住要带这么好的一只小狗出来溜达。"

"这倒是的，"我说，"但我违反了规定。"

"这条小狗大概不会咬上别人吧？"警察反而为我开脱起来。

"这样吧，你们跑到我看不见的地方，事情就算了。"

我向他连连道歉，带着小狗走过了山坡。

这位警察前后态度的变化，缘于带狗人的语言艺术，假如这位带狗的人不是赶紧道歉认错，而是设法辩解，不管他的理由多么充分，恐怕也不能得到警察的谅解。

在人际交往中，只有缺乏智慧的人才会为自己的错误寻找借口，强词夺理；而智者总能够坦率诚恳地道歉认错，取得对方的谅解。

——摘自卡耐基《人性的弱点》

 基础知识

在人类的生存活动和社会活动中，"沟通"是一项不可或缺的内容。我们只要留心周围的事情便会发现，家庭、邻里以及商业、社交、公务、管理活动都离不开与人沟通。事实上，人除了睡眠外，生活中约70%的时间都是在做这样或那样的沟通。因此，我们有必要掌握一些沟通的知识，让沟通架起人与人之间交流的桥梁。

赞美、批评、道歉、拒绝和劝慰是人际沟通中必备的能力，也是口语交际的常见手段。我们不仅要了解影响赞美、批评、劝慰和拒绝的心理因素，了解它们的交际作用，更要理解和掌握赞美、批评、道歉、拒绝和劝慰的基本原则，将它们的技巧和策略灵活地运用于实践之中。

一、赞美

赞美，就是通过对他人的优点做肯定和积极的反应，有效缩短人与人之间的人际心理距离，实现双方良性情感交流和心灵沟通的一种积极交际方式。心理学研究表明：爱听赞美是人们出于自尊的需要，是渴求上进，寻求理解、支持与鼓励的表现，是一种正常的心理需求。赞美是一件好事，但绝不是一件容易的事。赞美别人时如不审时度势，不掌握一定的赞美技巧，即使你是真诚的，也未能收到好的效果，有时甚至会变好事为坏事。所以，开口前我们一定要掌握以下技巧。

1. 赞美的语言技巧

（1）赞美之辞应发自内心，符合实际，如称赞对方过去的业绩、服饰等。毫无根据的赞美，会使人心生反感。

（2）赞美之辞要能满足对方的自我意识。社交的黄金法则是：别人希望你怎样对待他，你就怎样对待他。因此，赞美之前要了解对方，弄清对方希望怎样被夸奖。

例如，有一位女化学家年过六旬获得了诺贝尔奖，一位电视台的女记者要采访她。今天，她终于在亲友的帮助下换上了西装，脱去了终日穿着的白服。一见面，女记者就兴致勃勃地夸奖道："呀，你这身衣服真漂亮。"女化学家机械地点了点头。女记者见没有激发起化学家的谈兴，就随口问道："嗯，您这么成功，你的儿女都是做什么的呢？"女化学家闻听此言转身离去。原来女化学家没有结婚，个人感情经历过挫折。

女记者不了解情况，赞美之词不但没有为采访增光添彩，激发女化学家的谈兴，反而帮了倒忙，导致采访失败。女化学家对服装不感兴趣，忌讳谈家庭，对承担课题感兴趣，这些女记者都没有了解到。

（3）赞美之辞既可坦诚直言，又可间接表达，但要得体。例如，初次相识，你作为一个年轻姑娘正在摆弄照片，对方信手接过，说"相照得真好，底板好啊"，言外之意，是在夸你漂亮，这种间接夸奖比直接夸奖要得体。

（4）最有实效的赞美之辞不是锦上添花，而是雪中送炭。重复司空见惯的夸奖，会使对方毫不在意。相反，你总能发现蕴藏在他人身上还不为人知的优点，并对其赞美，就能满足对方的心理需求，收到好的效果。

例如，大学毕业，小王的工作不是很理想，他有些失意，一位同学在他的纪念册上留言："你身上有一种独到的气质，若能很好地发挥，必对你日后发展大有帮助。"小王看后备受鼓舞，于是对这位同学产生好感。因为是他发现了小王身上的一种潜质，是对小王的启发，也是对小王的一种肯定。

2. 赞美应注意的问题

（1）赞美要符合实际，实事求是。例如，生活中赞美女性人们总是习惯说："祝你永远年轻漂亮。"其实这话对年轻女性适合，对有点年纪的女性则不够得体，因为它既不符合实际，也不能满足这部分女性的心理。

（2）赞美要目的明确，有的放矢。如人才招聘，你一味自赞自己的优点，而这一优点又非对方所需，那么自赞将毫无意义。

（3）自赞可直接出自本人之口，也可婉转地引用别人的话，或辅以奖状、奖品等作旁证。例如，在求职应聘时，对方并不了解我们有哪些优势和长处，这个时候就要自我表白、自我宣传，争取一切机会使对方相信我们具备胜任工作的能力。为使自赞之辞得到佐证，常出示获奖证书等证明材料。当然，我们的自赞要符合实际，不可以过分夸大事实。

（4）自赞要避免自吹自擂。因此自赞同时应承认自己还有待改进之处，给人以实事求是的感觉。

二、批评

如果说赞美是抚慰人灵魂的阳光，那么批评就是照耀人灵魂的镜子，能让人更加真实地认识自己。批评是一门艺术，其出发点在于如何让对方虚心接受劝告，正确地行事。掌握批评技巧可以使自己的人际关系更加和谐。俗语说："良言一句三冬暖，恶语伤人六月寒。"

1. 批评的语言艺术

（1）先赞扬后批评。

美国著名的演讲家戴尔·卡耐基说："矫正对方错误的第一方法——批评前先赞美对方。"批评前先赞美，能化解被批评者的对立情绪，使其乐于接受批评，达到预想效果。

例如，一位上司批评女秘书时这样说："你今天穿的这件衣服真漂亮，你是一个迷人的姑娘。"然后又说："不过我希望你以后要对标点稍加注意，让你打的文件跟你的衣服一样漂亮，好吗？"女秘书愉快地接受了批评。

每一个人都有自己的优点和缺点。如果我们只是一味地批评，在某种程度上讲就会放大缺点，就会使对方觉得自己一无是处，那样即使是可以改正的缺点也变得无法接受了。况且先批评把对方情绪搞砸了，再真诚的批评对方也难以接受；先表扬则不然，对方情绪好，对善意的批评是可以接受的。所以我们在给人指出缺点和不足时应该怀着善意的心态，当头棒喝固然能够讲清事实，但要考虑对方能否接受。要运用一定的方式和技巧，最好做到批评之

倾听与表达

前先表扬。

（2）选择适当的时机和场合进行批评。双方都在气头上时不宜做出批评，应提高修养，生气时少说话，因为人在生气时智商为零，待双方冷静后再谈。

（3）批评方式因人而异。

对年轻人：语重心长地直接批评（告诫）。

对成年人：略微提醒。

下级对上级，晚辈对长辈：以自责促使对方反省。

例如，一次，妈妈开玩笑："要是我女儿、儿子也是歌星、大款多好！"女儿就用自责的口吻道："都是我们没能耐，让老妈受苦了。""说什么呢？我已经够知足了，你们这么孝顺，你看这家里吃的、穿的、用的，哪样不是你们买的？"而儿子则不懂语言技巧，只是苦笑着说："你看咱妈要求咋这么高啊！这老太太。"

（4）批评时巧用幽默。例如，一次英语课上，老师正捏着粉笔在黑板上书写句式，小李觉得看老师写字挺无聊的，便不自觉地用钢笔敲打起课桌来。"这位同学，英语课是不需要伴奏的。"老师头也没回地说道，说完继续奋笔疾书。说者无心，听者有意，满堂的同学都被逗笑了，包括小李本人。他不好意思地停止了敲打，还冲老师做了个鬼脸。没想到老师这时却回头了，刚好看到了小李的鬼脸，她莞尔一笑，一边模仿小李的鬼脸，一边趁机说道："makefaces（做鬼脸）！"就这样，小李有了台阶下，全班同学也无意中学会了一个新的英语单词。

2. 批评应注意的事项

尽可能避免在大庭广众之下指名道姓地批评别人。这样做不仅无法达到纠正错误的目的，还会有人身攻击之嫌。

三、道歉

1. 真诚的道歉的益处

（1）道歉可以化解矛盾。

（2）道歉可以消除内疚，解除难堪。

（3）道歉可以赢得友谊，取得谅解。

2. 道歉的要求及语言技巧

（1）先道歉后解释。有错就应先认错，以诚恳的态度取得对方的谅解。千万不要找客观原因为自己辩解、开脱，使对方怀疑你的诚意，从而扩大裂痕，加深隔阂。如确有非解释不可的地方，应在道歉之后再作解释，才能表示自己的诚意，如"对不起，这事我做得真不对。事情是这样的……"。

（2）利用第三者转致歉意。双方成见很深，或都处在气头上，最好先请第三者转致歉意，待双方都冷静后，再当面赔礼道歉。

（3）道歉时的语气和态度。真诚的道歉，应该做到语气温和，态度坦诚而不谦卑。道歉

第十二章 沟 通

时目光友好地看着对方,并多用一些礼貌用语,如"请包涵"、"请原谅"等。同时,道歉的语言以简洁为好。只要表明了自己的态度,对方也表示谅解就行了,切忌重复、啰唆。

(4)没有错,有时也需要道歉。这种情况常适用于管理者。当下属在工作中未能恪尽职守,或者某一方面的工作不尽如人意,为了促使下属进一步反省,也为了挽回单位的信誉,管理者应诚恳庄重地向对方或公众表达歉意,以求得谅解。

例如,教研室有一次承担一项重要的考试任务,大家都很重视。在考试的前一天,要把一切考务工作做好,可是这一天,又恰逢学校的运动会。运动会后,大家都要留下来做考务工作。可运动会后,有一位年轻教师因为疏忽没有留下来而影响了工作。事后,主任找到他,采取这样的批评方式——自责。主任说:"你看,都怪我,我多提醒你一下就好了。"年轻教师忙说:"不怪你,你都告诉我两遍了。"于是,按照要求,这位教师被扣罚了100元。主任在大会上还作了检讨:"我工作疏忽,没有及时提醒他,下不为例。"由于批评的方式得当,年轻教师只得愉快地接受罚款,此事也教育了大家。

3. 道歉应注意的事项

我们掌握了道歉的技巧,但是还应该根据场合、情况的不同,注意一些小的细节:
(1)道歉并非耻辱,而应是真挚和诚恳的表现。
(2)道歉要堂堂正正,不必奴颜婢膝。
(3)把握道歉时机。应该道歉时马上道歉,耽搁时间越久越难启齿,有时甚至追悔莫及。

四、拒绝

喜剧大师卓别林曾说:"学会说'不'吧!那你的生活将美好得多。"拒绝就像一张"防护网",能挡住不合理的要求和违背自己意愿的请求。拒绝是一道难题,对于大多数人来说,拒绝别人要比接受请求难得多。拒绝更是一门艺术,它能帮你走出困境,化险为夷,有时还可化敌为友,使友谊永存。

在拒绝别人时,我们经常会遇到很多麻烦,有时候本有理由拒绝但是由于表达不当,惹得对方很不高兴。例如,你正在忙着准备考试,这时候有人打电话找你帮忙,于是你就对打电话的人说"我很忙",这一句话竟让他认为你不爱帮助别人。如果你说"好啊,我非常愿意帮忙。不过,你要等两天,因为这两天我正全力忙着复习,准备考试。等我考完试,一定竭尽全力办这件事,你看好吗?",我想对方一定会理解的。

在日常生活中,每个人都会面临被拒绝或拒绝别人。

拒绝总是令人遗憾的。把拒绝可能带来的伤害减小到最低限度,或能取得对方的理解,讲究一些拒绝的技巧,是非常必要的。

1. 直截了当地拒绝

有些人在拒绝对方时,因为感到不好意思,而不敢据实说明,经常以"需要考虑考虑"为托词,内心希望通过拖延时间使对方知难而退。殊不知语意暧昧,模棱两可,反而容易引起对方误会。应该明确告知对方你的考虑,表示自己的诚信。运用这种方法时,语气一定要温和诚恳,含有歉意。

首先，感谢对方在需要帮助时可以想到你，并且略表歉意。注意，过分的歉意会造成不诚实的印象，因为如果你真的感到非常抱歉，就应该接受对方的请求。

其次，不要以一种高高在上的态度拒绝对方的要求，不要对他人的请求流露出不快的神色，更不要蔑视或忽略对方，这些都是没有修养的具体表现，会让对方觉得你的拒绝是对他抱有的反对态度的反应，从而对你的拒绝产生逆反心理。从听对方陈述要求和理由，到拒绝对方并陈述理由，都要始终保持一种和蔼的态度和面貌，表示出对对方的好感和真诚之心。

例如，一位科长要给其下属介绍对象，下属直截了当地拒绝了他："谢谢你总想着我。实在抱歉，这件事让您失望了。我现在还不具备结婚的条件，等我事业稳固以后，有了一定的经济基础再谈婚事。我想随着年龄的增长，择偶的标准也会随之改变，你说是不是？"这位下属拒绝的语言入情入理，既直接拒绝，语言又很得体。

2. 委婉地拒绝

（1）诱导否定法。当对方提出的要求不急于回答时，可采用迂回战术，提出一些条件或提出一个问题诱使对方自我否定，从而放弃原来的要求。

例如，一位先生想追求一位小姐便买了一件内衣送给这位小姐。小姐婉言相拒，说："它很漂亮，是送给你女朋友的吧？这种样式的内衣我男朋友也给我买过一件，相信你的女朋友一定会喜欢的。"这么说，既暗示了自己已经"名花有主"，又提醒对方注意分寸。

又如，有一次，一位记者问基辛格："你们有多少潜艇导弹在配置分导式多弹头？"基辛格回答："我不确切知道正在配置分导式多弹头的导弹有多少。至于潜艇，我的苦处是数目我是知道的，但不知道这是不是保密的。"记者说："不是保密的。""不是保密的吗？那你说是多少？"记者愣了一下，笑了。

（2）预埋伏笔法。对于对方的要求，先不拒绝，而是充分阐明不利因素，埋下伏笔，让对方有足够的思想准备，再在适当的时候，用恰当的方法加以拒绝。

例如，有人托你介绍工作，你可以这样拒绝他："你的学历没有达到规定的要求，何况名额少，难度大，但我会尽力争取的。"其中"学历没有达到规定要求"、"名额少"已充分展示了对方的不利条件，为拒绝对方埋下伏笔。

（3）拖延法。对于一些不便于立即回绝的请求，可以用拖延的方法加以拒绝。时间的拖延，可以使对方的请求变得没那么迫切。例如，可这样回答对方："这件事，我还得同××商量后才能回答你。"

（4）转移话题法。对对方提出的要求难以回绝时，可以采用转移话题、答非所问等方式，暂时把对方说话的焦点转移开而达到拒绝的目的。

例如，第24届奥运会时，中国代表团一到汉城（今首尔），记者就纠缠着李梦华团长问："中国能拿几块金牌？"李梦华回答："10月2日之后，你们肯定知道。"记者又追问："新华社曾预测拿11枚金牌，你认为客观吗？"李梦华答道："中国有充分的言论自由，记者怎么想，就可以怎么写。"这种避实就虚、似答非答的方法，既达到了在要害问题上拒绝答复的目的，又显得落落大方，无懈可击。

（5）利害相陈。在交往中如果遇到属于"开后门"之类违反原则的事，需要讲明道理，明确拒绝。

（6）另谋出路。当你因朋友的所求感到力不从心时，你可以为他介绍几种解决途径，使朋友感到高兴。

五、劝慰

我们平时经常遇到身边的同学或朋友不顺心，有的甚至伤心得号啕大哭，可是我们却不知道怎么办。到底应该如何劝慰别人，劝慰又有哪些要求和技巧呢？

1. 要同情，不要怜悯

当一个人遇到挫折和不幸的时候，十分需要别人的同情。真挚的同情，是站在完全平等的地位上交流思想感情，给对方以精神和道义上的支持，并分担对方的感情痛苦，使不幸者痛苦、懊丧的消极情绪得以宣泄，并有助于消除心理上的孤独感，使他们增强战胜困难的信心。怜悯不是平等的思想感情交流，而是对不幸者的感情施舍。这种施舍只能有两种结果：一是刺伤不幸者的自尊心，激起他们的反感；二是使不幸者更加心灰意冷，无法振作。

2. 要鼓励，不要埋怨

遭遇不幸和挫折的人，由于一时无法摆脱感情的羁绊，往往会垂头丧气、消极悲观。此时，最重要的是给予其信心和勇气，让他在困难面前看到光明前景。消极埋怨只会使不幸者更加悲观。

例如，团支书有一科考试不及格，情绪十分低落。班主任找其谈话："你帮我初步挑选几个同学，看谁能当选优秀团员、优秀团干。"她非常想说自己，但考虑到考试成绩不及格就没有写自己的名字。班主任鼓励她："这些同学中，你最有工作能力，工作也干得最好，但这次没办法，希望你要把学习搞上去。有信心吗？""老师，你放心吧，我一定搞好学习。"在这里，班主任用鼓励代替了批评和埋怨，收到了好的效果。

3. 要寓鼓励于安慰中

最佳的安慰方法，是在安慰中寓以鼓励。例如，一位女学生失恋了，心情苦闷，求助于小张。小张安慰她："别苦恼，其实你的条件很好啊，只是你们缺少缘分罢了。这也许是个好事，情不投意不合，多别扭，俗话说，强扭的瓜不甜。以你的条件，不愁找不到与你般配的人。我就知道有好几个男孩子都对你不错。"一席话，点拨了她，安慰了她。

4. 要把握好时机

对情绪失控者要待其冷静后再实施劝慰。例如，一女子与丈夫发生矛盾向朋友哭诉。面对情绪失控的她，朋友极力安慰："别急，慢慢说，我一定帮你。"朋友努力做个倾听者，待其情绪稳定后再站在她的角度上帮她分析事理，劝慰她，收到好的效果。

生活中难免会遇到不如意，送人一句暖心的话，并不难，难的是我们的意识不够。主动地关爱他人，送出十分的爱，你一定会获得十二分的回报。

实训任务

任务一 赞美技巧训练

1. 实训目的

通过实训，学生应能够灵活运用赞美的技巧；形成良好的沟通习惯，建立和谐的人际关系。

2. 实训要求

（1）授课教师要对本次实训任务有整体的把握。

（2）授课教师要对本次实训的任务分配及其对应的分值予以详尽的介绍，如果是分组完成，要做好相应的协调工作。

3. 实施过程

1）热身准备

小游戏：猜猜他（她）是谁。

操作方法：每人任选班上的一个同学，写下他（她）的三个优点，然后依次讲出自己写下的优点，全班猜测写的是谁。

2）情境模拟

（1）将全班学生分成若干组，每组6～8人。

（2）教师出示情境材料。

（3）学生根据教师所提供的情境分组进行赞美技巧训练。

（4）各组在全班进行表演，其他同学点评。

（5）教师小结，并针对学生表演的优缺点给予评价和指导。

任务二 拒绝技巧训练

1. 实训目的

通过实训，学生应能够灵活运用拒绝的技巧；形成良好的沟通习惯，建立和谐的人际关系。

2. 实训要求

（1）授课教师要对本次实训任务有整体的把握。

（2）授课教师要对本次实训的任务分配及其对应的分值予以详尽的介绍，如果是分组完成，要做好相应的协调工作。

3. 实施过程

1）热身准备

学生分组，每组派代表讲述一件令其印象深刻的关于拒绝的典型事例，成功的或失败的均可，然后互相点评。

2）情境模拟

（1）将全班学生分成若干组，每组6～8人。

（2）教师出示情境材料。

（3）学生根据教师所提供的情境分组进行拒绝技巧训练。

（4）各组在全班进行表演，其他同学点评。
（5）教师小结，并针对学生表演的优缺点给予评价和指导。
3）重新设计以下告示牌
（1）严禁大声喧哗。
（2）请爱护公物。
（3）请勿乱涂乱画。
（4）请勿攀折树木。
每组选出本组最有创意的作品，在全班演示，然后选出全班最具创意的告示。教师小结，针对小组表现给出评价。

拓展阅读

赞美的五步法如下：
第一步，寻找一个点。
赞美只有具体的，才具有无比的威力，否则赞美就流于空泛。
寻找赞美点的方法：
（1）外在的、具体的，如穿着打扮（衣服、领带、手表、眼睛、鞋子等）、头发、身体、皮肤、眼睛、眉毛等。
（2）内在的、抽象的，如品格、作风、气质、学历、经验、气量、心胸、兴趣爱好、特长、处理问题的能力等。
（3）间接的、关联的，如籍贯、工作单位、邻居、朋友、职业、用的物品、养的宠物、下级员工、亲戚关系的人等。
风靡全球达半个世纪的喜剧泰斗卓别林，1975年3月4日以85岁高龄在英国白金汉宫被伊丽莎白女王封为爵士之尊荣。在封爵仪式上，女王对兴奋的卓别林说："我观赏过你的许多电影，你是一位难得的好演员。"
事后有人询问卓别林受封的感受，他有点遗憾地说："女王陛下称赞我演得好，可是她没有说出哪部电影哪个地方演得好。"
由此可见，赞美必须说出具体的点，才能发挥出无比的威力。
第二步，这是个优点。
努力去发现对方身上的优点和长处，"世上从不缺少美，缺少的是发现美的眼睛"，所以我们要去主动发现美。
第三步，这是个事实。
有太多的"赞美"说的不是事实，是违心地往别人脸上贴金。赞美的语言是不是一个事实，这是个非常重要的细节，它牵扯到你说话是不是真诚，是不是发自内心，没有人喜欢与自己沟通的人是个不真诚的人。
第四步，用自己的话。
用自己习惯的语言告诉对方。
第五步，适当的时间。
赞美是沟通的润滑剂，在你和陌生的人刚刚见面，不知道说什么好的时候，可以礼节性地赞美一下，那是无比好的开场白，它会让你和对方后面的沟通更加流畅。

第十三章　接待与拜访

学习目标

通过本章的学习，学生应能够克服口语表达时心中的恐惧情绪与自卑感，树立自信；掌握接待与拜访的各种礼仪要求；创设日常生活中经常出现的接待和拜访的情景进行自我训练。

案例导入

（一）

某单位的领导正在会客厅里与一名重要客户寒暄，秘书前来泡茶。他用手指从茶叶筒中拈了撮茶叶，放入茶杯内，然后冲上水……这一切，领导和客商都看到了。领导狠狠地瞪了秘书一眼，但碍于客商在场而不便发作。客商则面带不悦之色，把放在自己面前的茶杯推得远远的，不悦地说："谢谢，我不渴。"领导知道自己属下做事欠妥，所以只得笑脸相陪。

谈判时，双方讨价还价。领导一时动怒，与客商发生争执。秘书觉得自己作为单位的一员，自然应该站在领导一方，于是与领导一起共同指责客商。客商拂袖而去。

领导望着远去的客商的背影，气得脸红脖子粗，冲着秘书嚷："托你的福，好端端的一笔生意，让你给毁了，唉！"

秘书丈二和尚摸不着头脑，并不知道自己有什么失误，忙为自己辩解："我，我怎么啦？客户是你得罪的，与我何干？"

（二）

拿起电话，拨号……自动应答机的声音："您好！老庙黄金！请拨分机号！查号请拨 0！"拨个 0，"喂！您好！老庙黄金！"（电话里传出中年妇女的声音，听语气心情还好）

"你好！请帮我转下工程部。"

"工程部？你找哪位？"对方警惕地问到。

"哦！我找工程部负责人，主要是有一个工程方案想和他一起探讨下。谢谢！"

"他不在。"对方冷冷地回答了一句，挂了电话。

对着姑娘们吐了下舌头，和大家分析下这通电话的失败之处。3 分钟后，又重拨了这个电话。

"喂！您好！老庙黄金！请问有什么可以帮到您的？"（电话里的女声突然改变，竟不是先前的中年妇女，而是一个年轻女孩的声音……连忙调整话术）

"你好！请帮我转下工程部，谢谢！"我礼貌地说到。

"好的，请稍等！"

（从心里吐了一口气。第一关总算过了）

"喂……"传出一声中年男子的声音。

"喂！请问下先生，这里是老庙黄金的工程部么？"我小心探问。

"嗯，是的！请问你是？"对方客气地回答道。（这句话中可以分辨出对方心情不错，另外语气中也感觉到对方比较和蔼）

"哦！我是××公司的小林。我想找下贵公司的工程部主管，就一项空调节能方案想和他一起探讨下。请问主管在么？"（简短的正面地回答客户问题是电话销售拜访的要诀之一，另外，记得还对方一个问题）

"什么空调节能方案？是不是变频空调啊？"对方不领我情，看来也是个老手。（从这句回话中可以了解到客户至少对相关产品有所了解，另外应该有竞争对手与对方探讨过相关话题。对方对此话题不反感，应该说是个优质的潜在客户）

"啊……先生知道变频技术啊？说实话呢变频技术和我们的技术是两个不同的概念。贵公司已经用了变频技术了么？"（不在客户面前诋毁竞争对手，转换话题，引导客户思路）

"哦，最近变频炒得很热的呀。好几家公司来过了。不过我们公司不适合。"

"哦？先生能告诉我为什么不适合么？"（客户的回绝就是销售的开始，保持积极乐观的心态。客户的拒绝其实是个好消息：①表明其还未被开发；②表明对方比较直接，容易相处；③表明市场还有待开发）

"呵呵！我告诉你啊小姑娘，你是从哪知道我这电话的？"

"黄页呀！嘿嘿！您看聊了这么久了我还不知道您贵姓呢。"（千万别以为客户很笨可以忽悠，实话永远比假话更容易博得好感。整个谈话过程中一定要想办法掌握主动权）

"哦！不好意思！我姓唐。"

"唐先生，您看，因为我对贵公司不是很了解，只因为上海人的关系总觉得老庙黄金是很有名气的企业了，相信应该是适合我们的节能方案的，所以很冒昧地打电话来咨询了。我们的方案是免费赠送再看效果分成，您看您这边是否考虑过节能这块？"（抓住机会，掌握主动权）

"哦！你的节能方案免费的？世界上没有免费的午餐，小姑娘骗人的吧？"（客户有兴趣）

"哈哈˜唐大哥˜你听我声音我像是个骗人的人么？是真的免费的，不过就像您说的没有免费的午餐，机器我免费送您，可节约出来的电费我可是要和你分成的。"（制造轻松愉快的谈话氛围，很重要。解决客户问题）

"哦！这样的啊！这个想法很好的么！不过啊，老实跟你说吧，你把这东西推销到我这就推销错了。我们老庙黄金整个集团是很大的，我们公司只是其中的一个分公司，主管老城隍庙的柜台租赁等。空调什么的不归我们管。"

"啊！那你们这个工程部不是很舒服么？就管管柜台啊？"

"是啊，国企么！嘿嘿！"

"嘿嘿……唐大哥，你可舒服了，不像我，年纪小小就要辛苦跑业务。眼红呢！呵呵！"

"哈哈，我都快退休了˜混混呗！不像你们年轻人，有闯劲啊！"

"呵呵！年轻的时候不努力不能等到您这岁数了我再努力，那就太迟了。对了唐大哥，

那你们集团的中央空调是哪个部门管的啊？"（铺垫了一圈了，要正题了）

"这个是集团总部的空调设备部管的。我给你个电话，你到时就说老唐介绍的就行。"

"啊，那真是太好了！我拿笔，请等下。"

"恩，你记下，电话是××××××××，找他们经理，姓沈。这老家伙和我关系很好的，你就说老唐介绍的他就会接待你的，集团地址你要不要？记下，××××××××"

"恩，记好了，谢谢唐大哥，过几天我去老庙的时候一定去拜访您！太谢谢您了！"（发自内心的感谢）

……

放下电话，同事们欢呼雀跃，为这次成功的电话拜访感到高兴。

基础知识

接待工作是一个单位的门面，是透视一个单位作风的窗口，也是联系和增进感情的纽带。搞好接待也是为上级领导机关和来访者创造良好工作环境的前提。所以，作为一名机关干部绝不能把它看作是一件小事，应以高度负责的态度认真做好。

一、接待工作的分类

接待工作的种类很多，按对象分，有对上级领导机关的接待，有对地方领导和群众的接待，有对友邻单位和部属的接待；按规模分，有对团体的接待，有对工作组的接待，有对个人的接待；按准备时间分，有预有准备的接待，有临时准备的接待，有毫无准备的接待。

二、接待的一般程序

接待通常分三个阶段：一是准备阶段，二是实施阶段，三是收尾阶段。以接待上级领导机关工作组为例，一般应做好以下工作：

1. 了解情况

当领受任务后，首先弄清对方的人数、职务、乘坐车种（车次）、到达时间、活动意图、可能停留的时间及我方领导在接待方面的意图和要求，视情协调管理部门安排好食宿。

2. 搞好迎接

事先在来人预定到达的车站、码头、机场等候，对带车来的、职务比较高、路线不熟悉的，建议在明显的路口、标志物或开阔地等候。客人安排就绪后，要及时向单位领导报告，双方领导接触时，要向对方介绍我方领导的身份。

3. 安排活动

及时通知所到单位做好相应准备。对上级领导临时改变活动方式和工作安排的，处置要灵活，并及时报告领导。

第十三章　接待与拜访

4. 组织送行

提前了解客人返程的时间，预订好车票（机票、船票），预先准备好车辆，通知我方领导送行。如到下一个单位活动，要及时通知客人所去单位按时迎接。

三、做好接待工作需注意的问题

无论什么样的接待，都应坚持做到热情、周到、朴实、勤俭。

1. 要思想端正

有人认为接待工作是管理部门的事，即使受领了任务，也是抱着应付的态度去做，缺乏主动性，工作不细致，考虑不周密，工作标准不高。要认识到搞好接待不是简单的迎来送往，而是工作作风的体现。还有人认为接待工作是服务性的工作、侍候人的工作，因此产生低人一等的想法，认识不到接待的过程也是学习交流、促进工作、增进感情的过程。

2. 要热情周到

不管接待对象从哪里来、来干什么、职务大小、有无权势，都要一视同仁，笑脸相迎，欢颜相送，使对方乘兴而来，满意而去。绝不能分出三六九等，看人下菜。要做到"三细"：住宿安排要细心，陪同活动要细心，迎来送往要细心。

3. 要吃苦耐劳

搞接待是一个苦差事，别人休息自己忙。遇到一些矛盾和棘手问题，往往很难处理，稍有疏忽可能还要受埋怨、挨批评。这就要求我们能吃得下苦，能吞得下怨，有时忙的时候，一帮接一帮，常常是前面的走了，后面来，对此不能有厌烦，"一米七的个子，一米六的脸"，很难看，出了力不讨好，赔了夫人又折兵。

四、陌生拜访的八个步骤

（一）拜访前的准备

与顾客第一次面对面地沟通，有效地拜访顾客，是会议或营销等迈向成功的第一步。只有在充分准备下的顾客拜访才能取得成功。评定营销员成败的关键是看其每个月开发出来多少个有效新顾客，销售业绩得到了多少提升。那么，如何成功进行上门拜访呢？

1. 塑造成功的拜访形象

"只要肯干活，就能卖出去"的观念已经过时了！取而代之的是"周详计划，省时省力"。拜访时的参与者只有顾客，要想取得进步首先要以挑剔的眼光看待自己的努力，然后决定做什么。

上门拜访顾客，尤其是第一次上门拜访顾客，难免相互存有一点儿戒心，不容易放松心情。因此营销人员要特别重视我们留给别人的第一印象，成功的拜访形象可以在成功之路上助你一臂之力。

（1）外部形象：服装、仪容、言谈举止乃至表情动作上都力求自然，就可以保持良好的形象。

（2）控制情绪：不良的情绪是影响成功的大敌，我们要学会控制自己的情绪。

（3）投缘关系：清除顾客心理障碍，建立投缘关系就等于建立了一座可以和顾客沟通的桥梁。

（4）诚恳态度："知之为知之，不知为不知"这是古语告诉我们做人的基本道理。

（5）自信心理：信心来自于心理，只有做到"相信公司、相信产品、相信自己"才可以树立强大的自信心理。

2. 计划准备

（1）计划目的：由于我们的销售模式是具有连续性的，因此上门拜访的目的是推销自己和企业文化而不是产品。

（2）计划任务：营销人员的首要任务就是把自己"陌生之客"的立场短时间转化成"好友"立场。头脑中要清楚与顾客电话沟通时的情形，对顾客性格作出初步分析，选好沟通切入点，计划推销产品的数量，最好打电话、送函、沟通一条龙服务。

（3）计划路线：按优质的计划路线来进行拜访，制订访问计划。今天的顾客是昨天顾客拜访的延续，又是明天顾客拜访的起点。销售人员要做好路线规则，统一安排好工作，合理利用时间，提高拜访效率。

（4）计划开场白：如何进门是我们遇到的最大的难题，好的开始是成功的一半，可以掌握75%的先机。

3. 外部准备

（1）仪表准备："人不可貌相"是用来告诫人的话，而"第一印象的好坏90%取决于仪表"，上门拜访要成功，就要选择与个性相适应的服装，以体现专业形象。通过良好的个人形象向顾客展示品牌形象和企业形象。最好是穿公司统一服装，让顾客觉得公司很正规，企业文化良好。

男士上身穿公司统一上装，戴公司统一领带，下身穿深色西裤，黑色平底皮鞋，避免留长发、染色等发型问题，不佩戴任何饰品。

女士上身穿公司统一上装，戴公司统一领带，下身穿深色西裤或裙子，黑色皮鞋，避免散发、染发等发型，不佩戴任何饰品。

（2）资料准备："知己知彼，百战不殆。"要努力收集顾客资料，尽可能多地了解顾客的情况，并把所得到的信息加以整理，装入脑中，当作资料。你可以向别人请教，也可以参考有关资料。作为营销员，不仅仅要获得潜在顾客的基本情况，如对方的性格、教育背景、生活水准、兴趣爱好、社交范围、习惯嗜好等，以及和他要好的朋友的姓名等，还要了解对方目前得意或苦恼的事情，如乔迁新居、结婚、喜得贵子、子女考大学，或者工作紧张、经济紧张、充满压力、失眠、身体欠佳等。总之，了解得越多，就越容易确定一种最佳的方式来与顾客谈话。还要努力掌握活动资料、公司资料、同行业资料。

（3）工具准备："工欲善其事，必先利其器。"一位优秀的营销人员除了具备锲而不舍地精神外，一套完整的销售工具也是必不可少的战斗武器。台湾企业界流传的一句话是"推销工具犹如侠士之剑"，凡是能促进销售的资料，销售人员都要带上。调查表明，销售人员在拜访顾客时，利用销售工具，可以降低50%的劳动成本，提高10%的成功率，达到100%的销售质量！销售工具包括产品说明书、企业宣传资料、名片、计算器、笔记本、钢笔、价格表、宣传品等。

（4）时间准备：如提前与顾客预约好时间应准时到达，到的过早会给顾客增加一定的压力，到的过晚会给顾客传达"我不尊重你"的信息，同时也会让顾客产生不信任感，最好是提前5～7分到达，做好进门前准备。

4．内部准备

（1）信心准备：事实证明，营销人员的心理素质是决定成功与否的重要原因，不仅要突出自己最优越的个性，让自己人见人爱，还要保持积极乐观的心态。

（2）知识准备：上门拜访是销售活动前的热身活动，这个阶段最重要的是要制造机会，制造机会的方法就是提出对方关心的话题。

（3）拒绝准备：大部分顾客是友善的，换个角度去想，通常在接触陌生人的初期，每个人都会有本能的抗拒和保护自己的表现，其实只是找一个借口来推却你罢了，并不是真正讨厌你。

（4）微笑准备：管理方面讲究人性化管理，如果你希望别人怎样对待你，你首先就要怎样对待别人。

许多人总是羡慕那些成功者，认为他们总是太幸运，而自己总是不幸。事实证明好运气是有的，但好运气偏爱诚实且富有激情的人！

5．家访的十分钟法则

（1）开始十分钟：我们与从未见过面的顾客之间是没有沟通过的，但"见面三分情"。因此开始的十分钟很关键。这十分钟主要是以消除陌生感为目的而进行的一种沟通。

（2）重点十分钟：了解顾客需求后自然过渡到谈话重点，为了避免顾客产生戒心千万不要超过十分钟。这十分钟主要是通过情感沟通了解顾客是否是我们的目标顾客。

（3）离开十分钟：为了避免顾客反复提问导致家访失败，我们最好在重点交谈后十分钟内离开顾客家，给顾客留下悬念，使其对活动产生兴趣。

（二）确定进门

（1）敲门：进门之前先按门铃或敲门，然后站立门口等候。敲门以三下为宜，声音有节奏但不要过重。

（2）话术："××叔叔在家吗？""我是××公司的小×！"主动、热情、亲切的话语是顺利打开顾客家门的金钥匙。

（3）态度：进门之前一定要显示自己的诚实大方，同时避免傲慢、慌乱、卑屈、冷漠、随便等不良态度。

（4）注意：严谨的生活作风能代表公司与个人的整体水准，千万不要让换鞋、放雨伞等小细节影响大局。

（三）赞美观察

家访过程中会遇到形形色色的顾客群，每一个顾客的认知观和受教育程度是不同的，但有一件事要强调：没有不接受产品和服务的顾客，只有不接受推销产品和服务的营销人员的顾客。顾客都是有需求的，只是有选择哪一种品牌的产品或服务的区别而已。

1. 赞美

人人都喜欢听好话，被奉承，这叫"标签效应"。善用赞美是最好的销售武器。

2. 话术

"您家真干净！""您今天气色真好！"赞美顾客房间干净、房间布置、气色、气质、穿着均可。

3. 层次

赞美分为直接赞美（"阿姨您看上去真年轻"）、间接赞美（"阿姨，墙上那照片是您儿子吧？看上去真英俊，一定是个知识分子，相信阿姨一定是个教育有方的好妈妈"）、深层赞美（"阿姨，您看上去真和蔼，像我妈妈一样善良、温和"）三个层次，赞美的主旨是真诚，赞美的大敌是虚假。

4. 观察

你站在一户人家门前的时候就会对这户人家有种自己家的感觉，这种感觉被称为"家庭的味道"，这种味道不是用嘴来品尝的，而是用眼睛来观察的。通过我们的观察可以了解顾客的身份、地位、爱好等，从而确定其是否为目标顾客。

可主要观察以下方面：门前的清扫程度，进门处鞋子排放情况，家具摆放及装修状况，家庭成员及气氛明朗程度，宠物、花、书画等爱好状况，屋中杂物摆放状况等。

观察举例：

（1）如果这位顾客家装饰精美，房屋面积很大，家里很干净，还有一个保姆等，可以确定这位顾客是一个有钱的人，营销人员可以充分地与其沟通。

（2）如果这位顾客家装饰普通，房屋又小，地面又不干净，几个子女与其住在一起，可以说明这位顾客并不是一个有钱人，营销员可以适当围绕重点沟通。

（3）如果顾客房屋是以古代文化装饰的，可以说明这位顾客是一个很有修养的人，素质较高，文化底蕴深厚，营销员可以与其充分地沟通。

赞美是一种非常好的沟通方式，但不要太过夸张，夸张的赞美只能给人留下不好的印象，如"叔叔您真帅，就像周杰伦一样"。

（四）有效提问

营销人员是靠嘴巴来赚钱的，凡是优秀的销售人员都拥有一副伶牙俐齿，但"顾客不开口，神仙难下手"。我们的目的是让顾客主动讲话，与我们进行有效沟通，因此有效的提问就显得尤为重要！

在提问前应确实掌握谈话目的，熟悉谈话内容，交涉时才有信心。注意给对方留下良好的第一印象，即努力准备见面最初 15～45 秒的开场白提问。

1. 寻找话题的八种技巧

（1）仪表、服装："阿姨这件衣服料子真好，您是在哪里买的？"顾客回答："在国贸买的。"营销员就要立刻有反应，顾客在这个地方买衣服，一定是有钱的人。

（2）乡土、老家："听您口音是湖北人吧！我也是……"营销员可以这种提问拉近双方的关系。

（3）气候、季节："这几天热得出奇，去年……"

（4）家庭、子女："我听说您家女儿是……"营销员了解顾客家境是否良好。

（5）饮食、习惯："我发现一家口味不错的餐厅，下次咱们一起尝一尝。"

（6）住宅、摆设、邻居："我觉得这里布置得特别有品位，您是搞这个专业的吗？"了解顾客以前的工作性质并能确定是不是目标顾客。

（7）兴趣、爱好："您的歌唱得这样好，真想和您学一学。""我们公司最近正在办一个老年大学，其中有唱歌这门课，不知阿姨有没有兴趣参加呢？"营销员可以用这种提问技巧推销公司的企业文化，加深顾客对企业的信任。

2. 提问必胜绝招

（1）先让自己喜欢对方再提问，向对方表示亲密，尊敬对方。

（2）尽可能以对方立场来提问，谈话时注视对方的眼睛。

（3）特定性问题可以展现你专业身份，由小及大，由易及难地多问一些引导性问题。

（4）问二选一的问题，帮助犹豫的顾客做决定。

（5）先提问对方已知的问题提高职业价值，再引导性地询问对方未知的问题。

"事不关己高高挂起"，我们如果想做一个成功的会议营销者就要学会问顾客关心的问题。

（五）倾听、推介

蛰伏只是为了雄飞，上天赋予我们一张嘴巴、两只眼睛和两只耳朵，就是告诉我们要想成功就要少说、多听、多看。

（1）仔细的倾听能够进一步了解顾客的基本情况以及消费心理、需求，可以洞查出真正异议的原因。以聊天的方式，寻求与顾客的共鸣点。说话要掌握与顾客同频率的原则，让顾客产生一种"错觉"，觉得你与他是同类型人，从而增进好感，产生共振的效果，借机多了解顾客的家庭背景，及时补进顾客的个性化档案。

（2）把有奖问答的答案讲给顾客听，叮嘱其在会上积极参与、拿奖。对典型顾客可以事前确定一些题目，届时安排其在会上回答并巧妙引出发言。告知对方，机会难得，突出其荣誉感，暗示其带现金来参会。

（3）耐心、详细地为每一个顾客介绍一些公司情况、产品机理、现场优惠政策，选择合适的切入点投其所好，要反应灵活，保持声音甜美，抓住产品的精髓引导顾客的购买欲望。

（4）对迟疑的新顾客，不可过分强调产品，应以促进其对健康知识的了解为侧重点。

倾听与表达

（5）对一些仍未下决心的顾客，千万不可勉强，这说明火候未到，可以先冷却一会儿，然后沟通，或当作一般顾客回访以便下次再邀请。

（六）消除异议

1. 消除心理上的异议

现代人必须学会如何面对心理上的异议，有所准备，了解心理异议产生的根源。

2. 化异议为动力

顶尖的销售人员明白顾客的拒绝是本能的反应，并不是不接受产品和服务，而是有短暂的犹豫。

3. 不要让顾客说出异议

善于利用顾客的感情，控制交谈气氛，顾客就会随着你的思路走，不把拒绝说出口。

4. 转换话题

遇到异议时要避免一味穷追不舍以至于让顾客产生厌烦，可用转换话题的方式暂时避开紧张气氛。

5. 运用适当肢体语言

不经意碰触顾客也会吸引顾客的注意，同时也会起到催眠的作用，可以很好地克服异议。

6. 逐一击破

顾客为两人以上团体时，你可以用各个击破的方法来克服异议。

7. 同一立场

和顾客站在同一立场上，千万不可以和顾客辩驳，否则你无论输赢，都会使交易失败。

8. 树立专家形象

学生对教师很少有质疑，病人对医生很少有质疑，顾客是不会拒绝专家的。

（七）确定达成

为什么销售同样产品的业务代表，业绩却有天壤之别？为什么排名前 20 名的营销人员总能完成 80%的销售业绩？答案很简单：他们用了百战百胜的成交技巧，但达成是最终目标而不是最后一步。

1. 抓住成交时机

有时举止、言谈可以表露出顾客的成交信号，抓住这些信号就抓住了成交的契机。

2. 成交达成方式

（1）邀请式成交："您为什么不试试呢？"

（2）选择式成交："您决定一个人去还是老两口一起去？"

(3) 二级式成交:"您感觉这种活动是不是很有意思?""那您就和老伴一起来吧!"
(4) 预测式成交:"阿姨肯定和您的感觉一样!"
(5) 授权式成交:"好!我现在就给您填上两个名字!"
(6) 紧逼式成交:"您的糖尿病都这样严重了还不去会场咨询!"

(八)致谢告辞

你会感谢顾客吗?对于我们营销人员来说,对我们每个人都要怀有感恩的心!世界上只有顾客最重要,没有顾客你什么也没有了!有再好的销售技巧也没有用。

1. 时间

初次家访时间不宜过长,一般控制在 20~30 分钟。

2. 观察

根据当时情况细心观察,如发现顾客有频繁看表、经常喝水等动作时应及时致谢告辞。

3. 简明

古语有"画蛇添足"之说,就是提醒我们在说清楚事情之后,不要再进行过多修饰。

4. 真诚

虚假的东西不会长久,做个真诚的人!用真诚的赞美让顾客永远记住你!

实训任务

任务 自我心理突破情境模拟

1. 实训目的

通过实训,学生应克服接待和拜访的恐惧心理,掌握接待和拜访的基本礼仪。

2. 实训要求

(1) 授课教师要对本次实训任务有整体的把握。
(2) 授课教师要对本次实训的任务分配及其对应的分值予以详尽的介绍,如果是分组完成,要做好相应的协调工作。

3. 实施过程

(1) 情境设置。

① 李晓明的父亲来学校给他送衣物,李晓明出去打球了,暂时联系不上,你作为他的室友接待了李晓明的父亲。
② 你是某超市的值班经理,超市的一位大客户来团购 500 台格力空调,超市的负责人让你代替他接待一下客户。
③ 2009 年 9 月 28 日下午,秘书李华正在前台接电话,忽然看见两位客人直接走向办公室。李华赶紧叫住他们。客人有些不耐烦地说:"我们上午刚来过,是找你们总经理的。

倾听与表达

上午的事没有办完。"李华说："对不起，请你们稍等一下。我马上跟总经理联系。"总经理在电话里说："我不想见他们，请你帮我挡一下。"李华该怎样处理这件事？

④ 教师节到了，同学们想去班主任刘老师家进行拜访（要求：一人扮演刘老师，3~5人扮演同学）。

⑤ 张立踢球时，不小心把腿扭伤了，李明和李晓打算结伴去张立家看望他。

（2）操作方法及要求。

① 学生任选择某一情境展开合理想象，设计对话，进行表演。

② 模拟中每两个角色的对话不少于5个回合。

③ 每组训练过后，教师或其他学生进行点评，训练者自评。

拓展阅读

在接待客人上，我国和一些西方国家的习惯有很大的区别。在中国来了客人，总要去车站、机场接一下，而且来的人是什么级别，接的人也应大致相当。认识的翘首相望，不认识的便打一块牌子，写明会议或本单位的名称。接到后或与客人在单位寒暄一阵，或直接送到事先预订好的宾馆、招待所。办好手续再帮客人拿行李，送进房间，我沏茶，你递烟，先聊上一小阵或一大阵，接下来是吃饭、工作、陪客人游览。

在匈牙利、德国则不讲这一套。在匈牙利开会，他们先寄来一份通知，告诉你住宿与开会地点，以及从机场到宾馆，从宾馆到会场乘车的路线。另外特别提醒你，从机场到宾馆如果乘出租车，路费大约是多少钱，以防司机"宰人"，这便是他们对你格外的关照了。散会之后便立即"拜拜"，你乘哪一趟飞机、火车，如何去机场、车站则一概不问。

第十四章　求　职

学习目标

通过本章的学习，学生应克服心中的恐惧与自卑感，树立自信，弘扬激情，努力提高自己的素养，找到自己满意的工作。

案例导入

北京林业大学的刘舒颜毕业后在一家外企工作，这也是她应聘的第一份工作。其他同学在求职中屡屡受挫，她却一次成功。当别人向她讨教经验时，她说，"细节决定成败"的道理在找工作时也适用。

刘舒颜所在的单位是一家美国保健品企业。那时，公司只招聘客服助理一人。为顺利进入面试，小刘开始做简历准备。她说，现在很多大学生从网上下载简历，没有新意，容易被企业冷落。为此，她写简历时，结合招聘职位沟通能力要求高的特点，强调自己是食品专业出身，性格开朗，尤其突出曾任校园就业指导服务中心助理团外联部部长、副主席职位等诸多细节，表明自己沟通能力强，适合客服岗位。

一周后，小刘和20多名应聘者一道顺利过关。复试时，刘舒颜特意穿了一件整洁的衣服，她说："穿衣问题虽是小节，却体现了对他人的尊重。"她还特地提前半小时到达，"守约不是大事，却能给人严谨的好印象"。复试由总经理亲自主持，是一对一的交谈，刘舒颜刚开始也很紧张，因为与其他应聘者相比，她的优势并不是特别突出。当主考官要求她介绍自己的优点时，刘舒颜冷静了下来。她拿实例回答考官："大三下学期，我忙于准备英语六级考试和期末考试，每天还要抽两小时到社团工作，由于合理安排工作和学习时间，在完成工作的同时，英语六级考试也顺利通过。在学校担任社团工作期间，我负责联系用人单位来学校举办讲座和招聘活动，这对没有任何'关系'的我来说是一种挑战。我经常从网上挑选、联系、邀请用人单位，在这个过程中，虽遭遇挫折，却在很大程度上锻炼了我的抗挫折能力。"

面试完毕，刘舒畅把椅子轻轻搬回原位，并对面试官说"再见"。这时，主持面试的总经理脸上发生了微妙的变化。

因为这个细节，她成为唯一被录用的应届毕业生。招聘经理后来告诉她，面试时，考官都会观察应聘者是否迟到。那天她不但没有迟到，还是应聘人员中唯一一个把椅子搬回原位的。这个小小的举动决定了她最后的胜出。

基础知识

求职，是利用自己所学的知识和技能，向企事业单位寻求为其创造物质财富和精神财富的机会，借以获取合理报酬作为物质生活来源的活动。

一、求职途径

求职途径一般有以下几种。

1. 网络求职

网络求职是广大求职者找工作的一种重要途径，也被称为"网申"。由于科技的发展，信息的网络化日益显著，网络已经成为我们工作、生活、招聘、求职必不可少的帮手，在网上找工作成为广大求职者的必选途径。

（1）在综合性网站投递简历求职。优点：综合性网站涉及的范围很广、企业很多；缺点：范围太广，专业性、技术性强的岗位不多。

（2）在专业性招聘网站投递简历求职。优点：行业内的信息很多，能让相关行业人才尽快找到相关招聘信息，弥补了综合性网站的不足；缺点：行业信息单一。

由于网络求职具有覆盖面广、方便、快捷、时效性强等特点，它会逐渐取代到人才市场求职的途径。

2. 报纸、电视等求职

报纸、电视等传统媒体，受众广，也是求职者主要的信息来源。

3. 招聘会求职

招聘会是一般是由政府所辖人才机构及高校就业中心举办，主要服务于待就业群体及用人单位。招聘会一般分为现场招聘会和网络招聘会，多指现场招聘会。招聘会分行业专场招聘会和综合招聘会两种，参加招聘会前先要了解招聘会的行业和性质，以免和自己要找的岗位不对口从而浪费时间。

4. 熟人介绍

这是最古老的一种"猎头"手段，但也是最有效的途径。这里没有含情脉脉的试探，也不需要艰苦卓绝的磨合，你的目标就在那里，你所做的只是一次直截了当的谈判，用人单位对你的技能和人品非常了解，双方只需讨论待遇问题。

二、招聘会求职技巧

（1）招聘会上第一印象至关重要。要满怀自信和热情，握手要坚定有力，眼睛直视对方，举止端庄，衣着得体，切忌过分随意的打扮。

（2）先到招聘单位的展台前了解招聘信息，诚恳地交谈，简单地介绍自己。当招聘人员表露出一定的兴趣时，可适时留下简历。

（3）与招聘人员谈话时，尽量突出和展示自身条件与招聘要求相吻合的部分。

（4）由于招聘会上与每位招聘人员的谈话都相当于面试，因此对自己的态度、着装、言谈举止等都要严格要求。

（5）求职者的服饰尽量简单，最好有正式套装，切忌不修边幅、浓妆艳抹。

（6）虽然鞠躬这一举动可略去，但行为谦虚更讨面试官喜欢。动过的椅子起身时要还原，过分做作的行为可能会适得其反。

（7）在面试时，面试官通常会问："实践中，你做过哪些事？"其实面试官只想听到，我完成了××策划案"、"在×公司我获得××称号"等实质性答案。简单的语言，加上完成任务数量，是最好的答案。不要抠指甲，不要东张西望，否则会被面试官认为态度不认真或强装自信。

（8）不管是面试还是报到，企业往往会递上表格让你填。最最底端的签名和日期栏不要忽略。

（9）一般人认为面试是到现场才开始，其实在接到电话通知时面试就开始了。在电话中切忌追问公司地址和反复询问预约时间，聪明的人懂得随机应变。事后可上网查询或早些出发，或询问路人。企业需要领悟能力强的员工，为公司节约时间成本。

三、理性选择职业

选择职业是职业生涯规划的重要一环。首先要认识到，职业生涯中我们受某些职业或工作吸引是由很多因素决定的，其中较重要的因素包括自己的个性、兴趣、社会 经济地位、智力水平、学习成绩、家庭背景、性别等，这些因素都会影响你的选择（你可以参考路标职业规划因素的相关文章）。另一个认识同样非常重要，那就是你有着在不同职业中取得成功的潜力（但不是所有职业领域），而事实上你要进入其中哪一类职业主要取决于你的职业志向（职业价值观）。简单地说，你的决定就是告诉自己你喜欢做什么样的事情。

职业社会是复杂的和飞速变化的。在这些变化面前，谨慎和明智地选择你要追求的职业，并进行职业规划就变得更为重要。大庆人才招聘网专家认为为确保你的职业选择将是现实的并能够得到回报的，路标职业规划建议你必须做到两点：一是准确地了解不同职业的情况，二是清楚地知道自己的天赋、兴趣所在，以及自己的需要和目标。

四、求职礼仪

每一位求职者，都希望在面试的时候给主考官留下好印象，从而增大录取的可能性，所以，了解求职特别是面试的礼仪，是求职者迈向成功的第一步。

（一）服饰仪表

应聘者的外在形象，是给面试官的第一印象。外在形象的好坏在一定程度上会影响到能否被录用。面试时，一定要注意，恰当的着装能够弥补自身条件的某些不足，培养自己独特的气质，使自己脱颖而出。

1. 男士

注意脸部的清洁，胡子一定要刮干净，头发梳理整齐。查看领口、袖口是否有脱线和污浊的痕迹。

春、秋、冬季，男士面试最好穿正式的西装。夏天要穿长袖衬衫，系领带，不要穿短袖衬衫或休闲衬衫。

西装的色调要以给人稳重感觉的深素色为主，如藏青色、蓝色、黑色、深灰色等。配套的衬衫可选择白色。领带应选用丝质的，领带图案可以根据自己的爱好选择，最好是单色的，能够和各种西装和衬衫相配。单色为底，印有规则重复出现的小圆点的领带，格调高雅，也可以用。斜条纹的领带能表现出你的精明。领带在胸前的长度以够到皮带扣为好。如果一定要用领带夹，应夹在衬衫第三和第四个扣子中间的位置。

男士着装还要遵循"三一律"原则：皮鞋、皮带、皮包颜色一致，一般为黑色。眼镜要和自己的脸型相配，将镜片擦拭干净。钢笔一定不要插在西装上衣的口袋里，西装上衣的口袋是起装饰作用的。

2. 女士

① 面试时的着装要简洁、大方、合体。职业套装是最简单，也是最合适的选择。裙子不宜太长，这样显得不利落，但是也不宜穿得太短。低胸、紧身的服装，过分时髦和暴露的服装都不适合面试时穿。春秋的套装可用毛呢等较厚实的面料，夏季用真丝等轻薄的面料。衣服的质地不要太薄、太透，薄和透会给人不踏实、不庄重的感觉。色彩要表现出青春、典雅的格调。用颜色表现你的品位和气质。不宜穿抢眼的颜色。

② 丝袜被称为女性的第二层皮肤，一定要穿，以透明近似肤色的颜色最好。要随时检查丝袜是否有脱线和破损的情况。最好随身携带一双备用丝袜。

③ 穿式样简单、没有过多装饰的皮鞋，后跟不宜太高，颜色和套装的颜色一致，如果你不知道如何配色，最简单的办法就是穿黑色的皮鞋。凉鞋在面试时就不要穿了。

④ 如果习惯随身携带包，那么包不要太大，款式可以多样，颜色要和服装的颜色相搭配。

⑤ 应化淡妆。如果用香水，应该用香型清新、淡雅的。头发要梳理整齐，前额刘海不要超过眉毛。

⑥ 佩戴饰物应注意与服装的搭配，最好以简单朴素为主。

出发前，最好从头到脚再检查一遍，看看扣子、拉链是否扣好、拉好，领子袖口是否有破损，衣服是否有褶皱，鞋子是否干净光亮。

（二）谈话礼仪

1. 注视对方

和对方谈话的时候，要正视对方的眼睛和眉毛之间的部位，和对方进行目光接触，即使边上有其他人。如果不敢正视对方，会被人认为你害羞、害怕，甚至觉得你"有隐情"。

2. 学会倾听

好的交谈是建立在"倾听"基础上的。倾听是一种很重要的礼节。不会听，也就无法回答好主考官的问题。

倾听就是要对对方说的话表示出兴趣。在面试过程中，主考官的每一句话都是非常重要的。你要集中精力，认真去听，记住说话人讲话的内容重点。

倾听对方谈话时，要自然流露出敬意，这是一个有教养、懂礼仪的表现。

3. 交谈技巧

（1）音调抑扬顿挫。讲话时应注意音调的高低起伏、抑扬顿挫，以增强讲话效果。应避免平铺直叙、过于呆板的音调。这种音调让人听着乏味，达不到预期的效果。

（2）讲话速度快慢适中。讲话时，要依据实际情况调整快慢，讲话速度最好不要过快，应尽可能娓娓道来，给他人留下稳健的印象，也给自己留下思考的余地。

（3）措辞要谦逊文雅。有的男士说话比较随便，大大咧咧，不注重措辞，这样容易给考官造成不好的印象。另外应坚持用事实说话，少用虚词、感叹词。

（4）要符合常规，语言的内容和层次应合理、有序，注意语言的逻辑性和层次感。

（5）尽量不要用简称、方言、土语和口头语，以免对方难以听懂。当不能回答某一问题时，应如实告诉对方，含糊其辞和胡吹乱侃会导致惨败。

（三）身体语言

身体语言是指人的动作和举止，包括姿态、体态、手势和面目表情。它是一个人的修养、所受教育以及为人处世的基本态度的自然流露。

面试时最重要的是自信。这种自信可以通过步态表现出来。自信的步态应该是，身体重心稍微前倾，挺胸收腹，上身保持正直，双手自然前后摆动，脚步要轻而稳，两眼平视前方。步伐要稳健，步履自然，有节奏感。需要注意的是，如果同行的有公司的职员或接待小姐，不要走在他们前面，应该走在他们的斜后方，距离一米左右。

俗话说"此时无声胜有声"。用你无声的、职业化的举止，向招聘者表明"我是最适合的人选"。

五、三大禁忌

一忌夸夸其谈，锋芒毕露。相互尊重和以诚相待是人与人相处的基本原则，在与用人单位面谈时要注意谈吐谦逊、自然，以增加自己的可信度和亲和力。夸大其词与不恰当的锋芒毕露只会使旁听者徒增反感，反而暴露了性格中的弱点。当然，谦虚不等于自悲，在该表现自己个性和独特见解时，也需大胆沉稳，勿让他人轻视，失去表现自我的机会。

具体而言，在应聘国有企业、民营企业岗位时，谈话应谦虚一些；而在一些外资企业、合资企业及管理方式较为现代、西化的单位，可大胆表现，灵活随意。这与国内外企业在理念及管理方式上的差异有关。

二忌拖沓冗长，词不达意。在人头攒动的招聘会上，欲在千军万马中杀出一条血路来，最终与用人单位交谈不是一件易事。每个人都要珍惜这种机会，力争在用人单位招聘面前畅所欲言，充分表现。从用人单位的角度来讲，选择面相对较大，他们真心希望大浪淘沙，始见真金，但在固定的时间内，也想有更多的筛选机会。言谈吞吞吐吐，拖沓冗长，会使用人单位有浪费时间且做事不干脆利落之感，尤其是外资企业很注重个人的社交和沟通能力，作为求职者，应尽可能选择简单明了的词句去完整表达自己的意图。

三忌频繁跳槽，自我炫耀。人才的流动日趋频繁，每个进入人才市场应聘的人相信都有一定的跳槽记录，虽然大多数单位要求应聘者有相关的工作经验，但同时与之相矛盾的是，很多领导又忌讳跳槽很频繁的人，即使不能从一而终，也应安于本职工作，老是"这山望着那山高"的人，不肯埋头工作以求进取，只是单纯要求回报，必然被用人单位所唾弃。因此，在短时间内频繁变换的求职者，切忌把自己的跳槽经历作为一种炫耀的资本。

实训任务

任务一　自我介绍

1. 实训目的

通过实训，学生应该能够结合招聘单位的要求，突出自己的优势作自我介绍。

2. 实训要求

（1）授课教师根据学生所学专业来安排任务。

（2）授课教师要对本次实训的任务分配及其对应的分值予以详尽的介绍，如果是分组完成，要做好相应的协调工作。

3. 实施过程

教师根据学生所学专业给出几则招聘信息，学生根据招聘信息设计自我介绍。要求：

（1）给学生10分钟的时间，思考并写下自我介绍的要点。

（2）选择若干名学生上台展示自我介绍，其他同学进行评论。

（3）针对展示者存在的问题，其他未展示的同学对自己的"自我介绍"进行修改。

任务二　模拟招聘训练

1. 实训目的

通过实训，学生应克服求职时的恐惧心理；学会口头展示自己，与人交流。

2. 实训要求

（1）授课教师要对本次实训任务有整体的把握。

（2）授课教师要对本次实训的任务分配及其对应的分值予以详尽的介绍，如果是分组完成，要做好相应的协调工作。

3. 实施过程

1）情境模拟

（1）赣州市人才市场将于9月10日举行大型人才招聘会，你是今年××专业的毕业生，你来到赣州市国光百货公司，应聘××职位。面试官向你提出了以下问题，请一一做答：

请你自我介绍一下。

你有什么业余爱好？

谈一谈你的一次失败的经历或谈谈你的缺点。

你为什么选择我们公司？你对这个职位或公司最感兴趣的地方是什么？

你认为你在学校属于好学生吗？

你是应届毕业生，缺乏经验，你能胜任这项工作吗？

你更愿意同其他人一起工作还是独立完成工作？

你为什么认为自己是这个职位非常合适的候选人呢？

你对加班有什么看法？

如果我录用你，你将怎样开展工作？

长远来讲，你最重要的目标是什么？

你能从公司最基本的职位做起吗？为什么？

（2）假如你到一家计算机销售公司应聘推销员，该公司正积极开拓农村市场，这项工作是你喜欢的，你打算怎样介绍自己以赢得这份工作？

2）操作方法及要求

（1）学生任意选择情境展开合理想象并作答。

（2）每轮对话不少于5个回合。

（3）每组训练过后，教师或其他学生进行点评，训练者自评。

拓展阅读

面试现场出错怎么办？

首先，对面试出错这一问题要有正确的认识。

面试中的难题大多是没有标准答案的，主要是考查你的能力。你只要鲜明地亮出自己的正向的观点，尽可以按照自己的思考做出回答，表现出自己的综合素质和能力。偶尔出点差错，考官也不会对你全盘否定，所以不必紧张。

其次，要迅速判断能不能进行弥补。答错了，总是想着找机会弥补，总想解释刚才为什么没答好，以证明自己水平不差，但由于下面的问题一个接一个，考生一方面要回答新问题，另一方面想着前面问题的回答缺憾，结果新问题也没答好。所以，如果自己判断不能进行弥补，那就不必耿耿于怀，而要马上忘记，继续沉着地回答下面的问题。

再次，对出错进行弥补也要讲究方式方法。具体说来，面试出错补救有以下几种技巧：

（1）以正改错。

意识到错了，就要诚实地加以纠正，不要为了面子而置之不理。最好的办法就是按正确的讲法再讲一遍。诸如语句不通、词不达意、口误等问题，只要很自然地加以纠正，就会得到考官的理解。

（2）化错为正。

察觉自己说错了，如果求职者能够针对自己的失误进行一番合乎情理的阐释，能够自圆

倾听与表达

其说，也不失不一种补救的办法。例如，谈对大学生卖猪肉、当保姆等现象的认识时，本来想好要重点谈大学生就业观念的改变、就业环境的变化、就业压力的增大等问题，但回答时一开口就说成了是人才的浪费，自己觉得说错了也不必紧张，可把"人才浪费"作为重点进行阐述，对其他观点进行一般论述，自圆其说，效果也不会差。

（3）续错成正。

在答问时，如果说错了话，有时可以采用调整语意、改换语气等方法予以补救。只要反应敏捷，应变及时，就可以收到不露痕迹的纠错效果。例如，列举了一系列腐败现象后，求职者想好要说的是"我们绝不允许这种现象存在下去"，结果说成"我们允许这种现象存在"。此时如果直接承认自己说错了，把正确的再说一遍，效果并不好。这种情况下，续错成正是最好的选择，求职者可以接着"我们允许这种现象存在"说"就是对人民的犯罪"。这样续接补救，可谓顺理成章，天衣无缝。

在紧张的面试过程中，要进行纠错不是一件容易的事，这就要求考生尽量不出错。而要不出错或少出错，就要做好面试准备。平时的积累不可少，面试前参加强化训练也很有必要。在专家的指导下全面提高自己，在面试时就能少出错，即使出错了，也能及时纠错，从容应对。

附录　朗诵篇目

1. 再别康桥
徐志摩

轻轻的我走了，
正如我轻轻的来；
我轻轻的招手，
作别西天的云彩。

那河畔的金柳，
是夕阳中的新娘；
波光里的艳影，
在我的心头荡漾。

软泥上的青荇，
油油的在水底招摇；
在康河的柔波里，
我甘心做一条水草！

那榆荫下的一潭，
不是清泉，是天上虹；
揉碎在浮藻间，
沉淀着彩虹似的梦。

寻梦？撑一支长篙，
向青草更青处漫溯；
满载一船星辉，
在星辉斑斓里放歌。

但我不能放歌，
悄悄是别离的笙箫；

夏虫也为我沉默，
沉默是今晚的康桥！

悄悄的我走了，
正如我悄悄的来；
挥一挥衣袖，
不带走一片云彩。

2. 致橡树
舒婷

我如果爱你——
绝不像攀援的凌霄花，
借你的高枝炫耀自己；
我如果爱你——
绝不学痴情的鸟儿，
为绿荫重复单调的歌曲；
也不止像泉源，
常年送来清凉的慰藉；
也不止像险峰，
增加你的高度，衬托你的威仪。
甚至日光，
甚至春雨。
不，这些都还不够！
我必须是你近旁的一株木棉，
作为树的形象和你站在一起。
根，紧握在地下；
叶，相触在云里。
每一阵风过，
我们都互相致意，

倾听与表达

但没有人，
听懂我们的言语。
你有你的铜枝铁干，
像刀，像剑，也像戟；
我有我红硕的花朵，
像沉重的叹息，
又像英勇的火炬。
我们分担寒潮、风雷、霹雳；
我们共享雾霭、流岚、虹霓。
仿佛永远分离，
却又终身相依。
这才是伟大的爱情，
坚贞就在这里：
爱——
不仅爱你伟岸的身躯，
也爱你坚持的位置，
足下的土地。

3．雨巷
戴望舒

撑着油纸伞，独自
彷徨在悠长，悠长
又寂寥的雨巷，
我希望逢着
一个丁香一样的
结着愁怨的姑娘。
她是有
丁香一样的颜色，
丁香一样的芬芳，
丁香一样的忧愁
在雨中哀怨，
哀怨又彷徨。
她彷徨在这寂寥的雨巷，
撑着油纸伞
像我一样，
像我一样地
默默彳亍（chL chT）着，
冷漠，凄清，又惆怅。

她静默地走近
走近，又投出
太息一般的眼光，
她飘过
像梦一般的，
像梦一般的凄婉迷茫。
像梦中飘过
一枝丁香的，
我身旁飘过这女郎；
她静默地远了，远了，
到了颓圮（pK）的篱墙，
走尽这雨巷。
在雨的哀曲里，
消了她的颜色，
散了她的芬芳
消散了，甚至她的
太息般的眼光，丁香般的惆怅。
撑着油纸伞，独自
彷徨在悠长，悠长
又寂寥的雨巷，
我希望飘过
一个丁香一样的
结着愁怨的姑娘。

4．相信未来
食指

当蜘蛛网/无情地/查封了我的炉台
当灰烬的余烟/叹息着/贫困的悲哀
我依然固执地/铺平/失望的灰烬
用美丽的雪花写下：/相信/未来

当我的紫葡萄/化为深秋的露水
当我的鲜花/依偎在别人的情怀
我依然固执地/用凝霜的枯藤
在凄凉的大地上写下：/相信/未来

我要用手/指那涌向天边的排浪
我要用手/掌那托住太阳的大海

摇曳着曙光/那枝温暖漂亮的笔杆
用孩子的笔体写下：/相信/未来

我之所以坚定地/相信未来
是我相信/未来人们的眼睛
她有拨开历史风尘的睫毛
她有看透岁月篇章的瞳孔

不管/人们对于我们腐烂的皮肉
那些迷途的惆怅、失败的苦痛
是寄予/感动的热泪、深切的同情

还是给以/轻蔑的微笑、辛辣的嘲讽

我坚信/人们对于我们的脊骨
那无数次地探索、迷途、失败和成功
一定会给予热情、客观、公正的评定
是的，我焦急地等待着他们的评定

朋友，坚定地相信未来吧
相信/不屈不挠的努力
相信/战胜死亡的年轻
相信未来，热爱/生命

5. 第一场雪
峻青

这是入冬以来，胶东半岛上第一场雪。

雪纷纷扬扬，下得很大。开始还伴着一阵儿小雨，不久就只见大片大片的雪花，从彤云密布的天空中飘落下来。地面上一会儿就白了。冬天的山村，到了夜里就万籁俱寂，只听得雪花簌簌地不断往下落，树木的枯枝被雪压断了，偶尔咯吱一声响。

大雪整整下了一夜。今天早晨，天放晴了，太阳出来了。推开门一看，嗬！好大的雪啊！山川、河流、树木、房屋，全都罩上了一层厚厚的雪，万里江山，变成了粉妆玉砌的世界。落光了叶子的柳树上挂满了毛茸茸亮晶晶的银条儿；而那些冬夏常青的松树和柏树上，则挂满了蓬松松沉甸甸的雪球儿。一阵风吹来，树枝轻轻地摇晃，美丽的银条儿和雪球儿簌簌地落下来，玉屑似的雪末儿随风飘扬，映着清晨的阳光，显出一道道五光十色的彩虹。

大街上的积雪足有一尺多深，人踩上去，脚底下发出咯吱咯吱的响声。一群群孩子在雪地里堆雪人，掷雪球，那欢乐的叫喊声，把树枝上的雪都震落下来了。

俗话说，"瑞雪兆丰年"。这个话有充分的科学根据，并不是一句迷信的成语。寒冬大雪，可以冻死一部分越冬的害虫；融化了的水渗进土层深处，又能供应庄稼生长的需要。我相信这一场十分及时的大雪，一定会促进明年春季作物，尤其是小麦的丰收。有经验的老农把雪比做是"麦子的棉被"。冬天"棉被"盖得越厚，明春麦子就长得越好，所以又有这样一句谚语："冬天麦盖三层被，来年枕着馒头睡。"

我想，这就是人们为什么把及时的大雪称为"瑞雪"的道理吧。

6. 捐诚

我在加拿大学习期间遇到过两次募捐，那情景至今使人难以忘怀。

一天，我在渥太华的街上被两个男孩子拦住去路。他们十来岁，穿得整整齐齐，每人头上戴着个做工精巧、色彩鲜艳的纸帽，上面写着"为帮助患小儿麻痹的伙伴募捐"。其中一个，不由分说就坐在小凳上给我擦起皮鞋，另一个则彬彬有礼地发问："小姐，您是哪国人？喜欢渥太华吗？""小姐，在你们国家里有没有小孩子患小儿麻痹？谁给他们付医疗费？"一连串的问题，使我这个有生以来第一次在众目睽睽之下让别人擦皮鞋的异乡人，从近乎狼狈的窘态中解脱出来。我们像朋友一样聊起天来。……

几个月之后，也是在街上，一些十字路口处或车站坐着几位老人。他们满头银发，身穿各种老式军装，上面布满了大大小小形形色色的徽章、奖章，每人手捧一大束鲜花，有水仙、石竹、玫瑰及叫不出名字的，一色雪白。匆匆过往的行人纷纷止步，把钱投进这些老人身旁的白色木箱内，然后向他们微微鞠躬，从他们手中接过一朵花。我看了一会儿，有人投一两元，有人投几百元，还有人掏出支票填好后投进木箱。那些老军人们毫不注意人们捐多少钱，一直不停地向人们低声道谢。同行的朋友告诉我，这是为纪念二次大战中参战的勇士，募捐救济残疾军人和烈士遗孀，每年一次。认捐的人可谓踊跃。而且秩序井然，气氛庄严。有些地方，人们还耐心地排着队。我想，这是因为他们知道：正是这些老人们的鲜血牺牲换来了包括他们信仰自由在内的许许多多。

有人说，帮助比自己弱小的人，会获得一种心理满足。可我两次把那微不足道的一点钱捧给他们，只想对他们说声"谢谢"。

7．妈妈喜欢吃鱼头

在我依稀记事的时候，家里很穷，一个月难得吃上一次鱼肉。每次吃鱼，妈妈先把鱼头夹在自己碗里，把鱼肚子上的肉夹下，极仔细地捡去很少的几根大刺，放在我碗里，其余的便是父亲的了。当我也吵着要吃鱼头时，她总是说："妈妈喜欢吃鱼头。"

我想，鱼头一定很好吃的。有一次父亲不在家，我趁妈妈盛饭之际，夹了一个，吃来吃去，觉得没鱼肚子上的肉好吃。

那年外婆从江北到我家，妈妈买了家乡很贵的鲑鱼。吃饭时，妈妈把本属于我的那块鱼肚子上的肉，夹进了外婆的碗里。外婆说："你忘啦？妈妈最喜欢吃鱼头。"

外婆眯缝着眼，慢慢地挑去那几根大刺，放进我的碗里，并说："孩子，你吃。"

接着，外婆就夹起鱼头，用没牙的嘴，津津有味地嚼着，不时吐出一根根小刺。我一边吃着没刺的鱼肉，一边想："怎么？妈妈的妈妈也喜欢吃鱼头？"

29岁时，我成了家，另立门户。生活好了，我俩经常买些鱼肉之类的好菜。每次吃鱼，最后剩下的，总是几个无人问津的鱼头。

而立之年，喜得千金。转眼女儿也能自己吃饭了。有一次午餐，妻子夹了一块鱼肚子上的肉，极麻利地捡去大刺，放在女儿的碗里。自己却夹起了鱼头。女儿见状也吵着要吃鱼头。妻说："乖孩子，妈妈喜欢吃鱼头。"

谁知女儿说什么也不答应，非要吃不可。妻无奈，好不容易从鱼肋边挑出点没刺的肉来，可女儿吃了马上吐出，连说不好吃，从此再不要吃鱼头了。

打那以后，每逢吃鱼，妻便将鱼肚子上的肉夹给女儿，女儿总是很艰难地用汤匙切下鱼头，放进妈妈的碗里，很孝顺地说：

"妈妈，您吃鱼头。"

打那以后，我悟出了一个道理：

女人做了母亲，便喜欢吃鱼头了。

8．一言既出

到纽约，不去看看闻名世界的自然历史博物馆，将会是件憾事。这个由一百多个国营、民营基金会，两百多家大公司及五十多万会员鼎力相助支持的民营机构，收藏了数十万件价值连城的物品，实在值得一看再看，其中包括中国周口店发现的史前人类头盖骨等。

第一次去参观时，刚好在一楼的摩根纪念馆欣赏闪闪晶亮的各种宝石。忽然，一位男导游迅速脱下夹克，盖在一块数百公斤重的大石头的一个缺口上，再将带来的游客叫到跟前："你们看着，这只是一块普通的石头吧！这位女士请过来一下！"一位游客走到前面，导游员将夹克像变魔术似的拿开，那女士伸头望了一下，不禁大声"啊！"地叫了起来。

随着这一声惊叫，我和其他游客一块涌上前去，看个究竟。原来里面竟然是耀眼闪光的紫水晶。导游员说话了：

这块石头有个动人的故事。它原来是弃置在一位美国人住所的院子里。有一天，主人因石头有碍观瞻，就叫人来将它搬走。谁知就在搬上卡车时，工人一时失手，石头掉在地上，碰裂了一个缺口，大家就像你们刚才一样，都叫了起来，因为这并不是一块普通的石头，而是一块紫水晶。主人知道真相后，平静地说："这块石头，我本来就是要丢掉的。现在虽然发现它是宝物，想必是上帝的旨意，我一言既出，绝不反悔。我决定不占为己有，而将它送给博物馆，让更多的人来欣赏。"

9. 父亲的爱

爹不懂得怎样表达爱，使我们一家人融洽相处的是我妈。他只是每天上班下班，而妈则把我们做过的错事列清单，然后由他来责骂我们。

有一次我偷了一块糖果，他要我把它送回去，告诉卖糖的说是我偷来的，说我愿意替他拆箱卸货作为赔偿。但妈妈却明白我只是个孩子。

我在运动场打秋千跌断了腿，在前往医院途中一直抱着我的，是我妈。爹把汽车停在急诊室门口，他们叫他驶开，说那空位是留给紧急车辆停放的。爹听了便叫嚷到："你以为这是什么车？旅游车？"

在我生日会上，爹总是显得有些不大相称。他只是忙于吹气球，布置餐桌，做杂务。把插着蜡烛的蛋糕推出来让我吹的，是我妈。

我翻阅照相册时，人们总是问："你爸爸是什么样子？"天晓得！他老是忙着替别人拍照。妈和我笑容可掬地一起拍的照片，多得不可胜数。

我记得妈有一次叫他教我骑自行车，我叫他别放手，但他却说是应该放手的时候了。我摔倒之后，妈跑过来扶我，爹却挥手要她走开。我当时生气极了，决心要给他点颜色看。于是我马上爬上自行车，而且自己骑给他看，他只是微笑。

我念大学时，所有的家信都是妈写的。他除了寄支票外，还寄过一封短柬给我，说因为我没有在草坪上踢足球了，所以他的草坪长得很美。

每次我打电话回家，他似乎都想跟我说话，但结果总是说："我叫你妈来接。"

我结婚时，掉眼泪的是我妈。他只是大声擤了一下鼻子，便走出房间。

我从小到大都听他说："你到哪里去？什么时候回家？汽车有没有汽油？不，不准去。"爹完全不知道怎样表达爱。除非……会不会是他已经表达了而我却未能察觉？

10. 轻轻的一声叮咛

出差在外，在一农家住宿一夜，放亮时又踏上了一段新路。一阵积水响，老大娘追出来，

倾听与表达

拿着一把她女儿的小花伞："带上……"看她那慈祥的目光，霎时，我像是听见了母亲的叮咛。

路上果然下了大雨，许多人在树下店旁躲着。我撑开那把伞，照旧走着，一种说不清却感人至深的温暖和情感洋溢在我的周围。

途中的一天晚上，我在招待所翻书，读到一篇《母性》的文章：我和太太在马来西亚槟榔屿参加一个游览团体。向导带我们到橡胶园参观割胶，一个男童爬上一棵椰树，正打算用弯刀割下一个椰子，他母亲便在附近房子里叫嚷。

我告诉太太："她说，'孩子，小心啊，别把手指割掉'。"

向导惊讶地问："原来你懂马来话。"

我答："我不懂。不过我了解母亲的叮咛。"

出差回单位后，我把自己伞下的感受和这则故事说给一位长辈听，他的眼睛似乎有些湿润。他说他的母亲早已过世，但母亲那句"好好工作，注意身体"的嘱咐，一句最平常不过的话，伴随他走过了风风雨雨四十年，成了母亲最珍贵的遗产。

我感动至极。想起了我的母亲。小时候去上学时，她总在我出门时给我整理好凌乱的衣服轻轻地叮咛："走好，听老师的话。"

又是一个雨天，我骑车去约会。中华门城堡下，刚认识不久的女友走到我身边，轻轻地掀下我雨披的帽子："看你热得，快把雨披脱下来。"原来雨早已停了，我额上全是汗。空气清新得很，吸入肺腑的全是温馨。

11．荷塘月色（节选）
朱自清

曲曲折折的荷塘上面，弥望的是田田的叶子。叶子出水很高，像亭亭的舞女的裙。层层的叶子中间，零星地点缀着些白花，有袅娜地开着的，有羞涩地打着朵儿的；正如一粒粒的明珠，又如碧天里的星星，又如刚出浴的美人。微风过处，送来缕缕清香，仿佛远处高楼上渺茫的歌声似的。这时候叶子与花也有一丝的颤动，像闪电般，霎时传过荷塘的那边去了。叶子本是肩并肩密密地挨着，这便宛然有了一道凝碧的波痕。叶子底下是脉脉的流水，遮住了，不能见一些颜色；而叶子却更见风致了。

月光如流水一般，静静地泻在这一片叶子和花上。薄薄的青雾浮起在荷塘里。叶子和花仿佛在牛乳中洗过一样；又像笼着轻纱的梦。虽然是满月，天上却有一层淡淡的云，所以不能朗照；但我以为这恰是到了好处——酣眠固不可少，小睡也别有风味的。月光是隔了树照过来的，高处丛生的灌木，落下参差的斑驳的黑影，峭楞楞如鬼一般；弯弯的杨柳的稀疏的倩影，却又像是画在荷叶上。塘中的月色并不均匀；但光与影有着和谐的旋律，如梵婀玲上奏着的名曲。

荷塘的四面，远远近近，高高低低都是树，而杨柳最多。这些树将一片荷塘重重围住；只在小路一旁，漏着几段空隙，像是特为月光留下的。树色一例是阴阴的，乍看像一团烟雾；但杨柳的丰姿，便在烟雾里也辨得出。树梢上隐隐约约的是一带远山，只有些大意罢了。树缝里也漏着一两点路灯光，没精打采的，是渴睡人的眼。这时候最热闹的，要数树上的蝉声与水里的蛙声；但热闹是它们的，我什么也没有。

附录 朗诵篇目

12. 美国历史上的西红柿案件

西红柿怎样从南美洲来到欧洲，传说不一。有人说，在 1554 年左右，有一位名叫俄罗拉答利的英国公爵到南美洲旅行，见到这种色艳形美的佳果，将之带回大不列颠，作为礼物献给伊莉萨白女王种植在英王的御花园中。因此西红柿曾作为一种观赏植物，被称为"爱情苹果"。

虽称"爱情苹果"，并没有人敢吃它，因为它同有毒的颠茄和曼佗罗有很近的亲缘关系，本身又有一股臭味，人们常警告那些嘴馋者不可误食，所以在一段长时间内无人敢问津。最早敢于吃西红柿的，据说是一位名叫罗伯特·吉本·约翰逊的人，他站在法庭前的台阶上当众吃了一个，从而使西红柿成了食品的一员。此事发生在大约一百年前。

1895 年，英国商人从西印度群岛运来一批西红柿。按美国当时的法律，输入水果是免交进口税的，而进口蔬菜则必须缴纳 10% 的关税。纽约港的关税官认定西红柿是蔬菜。理由是：它要进入厨房，经过烹制，成为人们餐桌上的佳肴。商人则认为应属水果，据理力争：西红柿有丰富的果汁，这是一般蔬菜所不具备的；它又可以生食，同一般蔬菜也不一样，形状色泽也都应当属于水果范畴。双方为此争执不下，最后只好把它作为被告，送进美国高等法院，接受审判。

经过审理，法院一致判决："正像黄瓜、大豆和豌豆一样，西红柿是一种蔓生的果实。在人们通常的谈论中总是把它和种植在菜园中的马铃薯、胡萝卜等一样作为饭菜用；无论是生吃还是熟食，它总是同饭后才食用的水果不一样。"从此，西红柿才法定为蔬菜，成为人们餐桌上的第一佳肴。

13. 金子

自从传言有人在萨文河畔散步时无意发现了金子后，这里便常有来自四面八方的掏金者。他们都想成为富翁，于是寻遍了整个河床，还在河床上挖出很多大坑，希望借助它们找到更多的金子。的确，有一些人找到了，但另外一些人因为一无所得而只好扫兴归去。

也有不甘心落后的，便驻扎在这里，继续寻找。彼得·弗雷特就是其中一员。他在河床附近买了一块没人要的土地，一个人默默地工作。他为了找金子，已把所有的钱都押在这块土地上。他埋头苦干了几个月，直到土地全变成了坑坑洼洼，他失望了，他翻遍了整块土地，但连一丁点金子都没看见。

六个月后，他连买面包的钱都没有了。于是他准备离开这儿到别处去谋生。

就在他即将离去的前一个晚上，天下起了倾盆大雨，并且一下就是三天三夜。雨终于停了，彼得走出小木屋，发现眼前的土地看上去好像和以前不一样：坑坑洼洼已被大水冲刷平整，松软的土地上长出一层绿茸茸的小草。

"这里没找到金子，"彼得忽有所悟地说，"但这土地很肥沃，我可以用来种花，并且拿到镇上去卖给那些富人，他们一定会买些花装扮他们华丽的客厅。如果真是这样的话，那么我一定会赚许多钱。有朝一日我也会成为富人……"

于是他留了下来。彼得花了不少精力培育花苗，不久田地里长满了美丽鲜艳的各色鲜花。

五年以后，彼得终于实现了他的梦想成了一个富翁。"我是唯一一个找到真金的人！"他时常不无骄傲地告诉别人,"别人在这儿找不到金子后便远远地离开,而我的'金子'是在这块土地里,只有诚实的人用勤劳才能采集到。"

14．启示的启示

墙壁上,一只虫子在艰难地往上爬,爬到一大半,忽然跌落了下来。

这是它又一次失败的记录。

然而,过了一会儿,它又沿着墙根,一步一步地往上爬了。

第一个人注视着这织虫子,感叹地说:"一只小小的虫子,这样的执着、顽强,失败了,不屈服;跌倒了,从头干;真是百折不回啊!我遭到了一点挫折,我能气馁、退缩、自暴自弃吗?难道我还不如这只虫子?!"

第二个人注视它,禁不住叹气说:"可怜的虫子!这样盲目地爬行,什么时候才能爬到墙头呢?只要微微改变一下方位,它就能很容易地爬上去;可是它就是不愿反省,不肯看一看。唉——可悲的虫子!"反省我自己吧:我正在做的那件事一再失利,我该学得聪明一点,不能再闷着头蛮干一气了——我是个有头脑的人,可不是虫子。

第三个人询问智者:"观察同一只虫子,两个人的见解和判断截然相反,得到的启示迥然不同。可敬的智者,请您说说,他们哪一个对呢?"

智者回答:"两个都对。"

询问者感到困惑:"怎么会都对呢?您是不愿还是不敢分辨是非呢?"

智者笑了笑,回答道:"太阳在白天放射光明,月亮在夜晚投洒青辉,它们是相反的;你能不能告诉我:太阳和月亮究竟谁是谁非?

但是,世界并不是简单的是非组合体。同样观察虫子,两个人所处的角度不同,他们的感觉和判断就不可能一致,他们获得的启示也就有差异。

你只看到两个人之间的异,却没有看到他们之间的同:他们同样有反省和进取的精神。

形式的差异,往往蕴含着精神实质的一致;表面的相似,倒可能掩蔽着内在的不可调和的对立……"

15．珍视自己的存在价值

一次,仪山禅师洗澡。

水太热了点,仪山让弟子打来冷水,倒进澡盆。

听师傅说,水的温度已经刚好,看见桶里还剩有冷水,做弟子的就随手倒掉了。

正在澡盆里的师傅眼看弟子倒掉剩水,不禁语重心长地说:"世界上的任何东西,不管是大是小,是多是少,是贵是贱,都各有各的用处,不要随便就浪费了。你刚才随手倒掉的剩水,不就可以用来浇灌花草树木吗?这样水得其用,花草树木也眉开眼笑,一举两得,又何乐而不为呢?"

弟子受师傅这么一指点,从此便心有所悟,取法号为"滴水和尚"。

万物皆有所用,不管你看上去多么卑微像棵草,渺小得像滴水,但都有它们自身存在的价值。

科学家发明创造,石破天惊,举世瞩目,然而,如果没有众人智慧的积累,便就终将成为空中楼阁，子虚乌有。

鲁迅的那段话也掷地有声："天才并不是自生自长在深林荒野里的怪物，是由可以使天才生长的民众产生、长育出来的，所以没有这种民众，就没有天才。"

"落花水面皆文章，好鸟枝头亦朋友。"当年朱熹就曾这样说过。

如果你处在社会的低层——相信这是大多数，请千万不要自卑，要紧的还是打破偏见，唤起自信，问题不在于人家怎么看，可贵的是你的精神面貌如何？

三百六十行，行行出状元。关键还是在于，怎样按照你的实际，为社会，为人类多作贡献，从而在这个世界上找到自己的一片绿洲，一片天空。

16．贪得一钱丢了官

江南有位书生，他父亲在国子监里当助教，他也随父亲住在京城。有一天，他偶然路过寿字大街，见有一间书肆，便走了进去。书肆里有一个少年书生，挑中了一部《吕氏春秋》，点数铜钱交钱时，不小心，一个铜钱掉在地上，轱辘到一边去了，少年并没有发觉。江南书生看见了，暗中把钱踩在脚下，没有作声。等买书少年走后，他俯下身子把铜钱拾了起来，装入自己衣袋中。他以为自己做得巧妙，没人看见。其实旁边坐着的一位老者，早就看见了，老者忽地起来，问他姓啥名什。书生办了昧心事，只得如实说出自己的姓名。老者听罢，冷笑一声走了。

后来这个书生读书倒也刻苦，进了誊录馆，接着拜求选举，被授予江苏常熟县县尉职务。他春风得意，整理行装赴任途中，投递名片去拜见上司，这时候，汤公任江苏巡抚，一见递上来的名片，就传话说不见。书生多次求见，一次也见不到汤公的面儿。巡捕传达汤公的话说："你的名字已经被写到弹劾书上了！"书生一听愣了，便问："下官因何事被弹劾？"巡捕传说："只一个字贪。"书生考虑，一定是弄错了，于是急切要求面见巡抚大人陈述理由。

巡捕进去禀报后，汤公还是不见，仍让巡捕出来传话说："你不记得前几个月在书肆中发生的事了吧。当秀才时，就把一个小钱儿看得像命一样，如今侥幸当了地方官，手中有了权柄，能不托箱探囊，拼命搜刮，作头戴乌纱的窃贼吗？你赶紧解职回去吧。"

这时书生才明白，以前在书肆中询问姓名，讥笑他的老者，就是今天的巡抚大人。

17．世界民居奇葩

在闽西南苍苍茫茫的崇山峻岭之中，点缀着数以千计的圆形土楼，充满神奇的山寨气息。这就是被誉为"世界民居奇葩"、世上独一无二的神话般的山区建筑模式的客家人民居。

他们的居住地大多在偏僻、边远的山区，为了防卫盗匪的骚扰和土著的排挤，便营造"抵御性"的营垒式住宅，并不断进步发展，在土中搀石灰，用糯米饭、鸡蛋清作黏合剂，以竹片、木条作筋骨，夯筑起墙厚1米、高15米以上的土楼。它们大多为三至六层楼，100～200间房如柑瓣状均匀布列各层，宏伟壮观。大部分土楼历经两三百甚至五六百年的地震撼动、风雨侵蚀以及炮火攻击而安然无恙，显示了传统技术文化的魅力。

客家先民们崇尚圆形，把圆形当天体之神来崇拜。主人认为园是吉祥、幸福和安宁的象征，这些都体现了土楼人家的民俗文化。圆墙的房屋均按八卦形布局排列，卦与卦之间设有防火墙，整齐划一，充分显示它突出的内向性、强烈的向心力、惊人的统一性。

倾听与表达

客家人在治家、处事、待人、立身等方面无不体现儒家的思想及其文化特征。有一座土楼,先辈希望子孙和睦相处,以和为贵,便用正楷大字写成对联刻在大门上:"承前祖德勤和俭,启后子孙读与耕"。强调了儒家立身的道德规范。楼内房间大小一模一样,他们不分贫富、贵贱,每户人家均等分到底层至高层各一间房,各层房屋的用途达到惊人的统一,底层是厨房兼饭堂,二层当贮仓,三层以上作卧室,两三百人聚居一楼,秩序井然,毫无混乱。土楼内所存在的儒家文化遗风,让人感到中华民族传统文化的蒂固根深。

18. 神奇燕子洞

南方北方的溶洞,我看过许多处,觉得维有云南建水县的燕子洞独具特色。

洞内景观分水旱两路,水路可有碧流的泸江穿洞而过,洞中许多溶岩形成的生动形象,姿态万千地展现在灯光之中,让人看得眼花缭乱。旱路有一条绝壁长廊,藏有不少碑文石刻,还有一处天然舞厅,五六十人翩翩起舞是绰绰有余的。

常年歌舞在洞中,劳作在洞中是那许多呢喃穿飞的燕子,它们辛辛苦苦把窝巢建筑在悬崖绝壁,这一向被人们称之为神奇的景观。

燕子的巢便是山珍美味中的燕窝,与熊掌鱼翅享有同等声誉。燕窝所以贵重,除其营养价值外,还在于其少,更在于其难采,所以到燕子洞参观的人,最难得的机缘是观看采燕窝。每年春分时节,燕子纷纷飞归洞中,为了保护燕子繁衍,一直到入秋是不允许采燕窝的,入秋后第一代小燕飞去暖和地方过冬,采燕窝的活动才开始。采燕窝要靠人矫健的手脚,在五十多米高的悬崖绝壁间攀缘,抬手动足都随时有险情发生,观看的人也都为采燕窝的人捏着一把汗。

采集高手一天能采五公斤燕窝,他们说,那险情自己也担一份心呢!不过需要的是大胆细心、镇定。采燕窝的绝技,一代代地传下来了,可真是一方水土养一方人啊。

采下燕窝之后,要经过加工才能成为佳品。如今来燕子洞的游人可以品尝到燕窝稀粥,在这里,贵重的燕窝已经是一种普及的食品了。

我赞美燕窝,赞美采燕窝人的勇敢和高超技巧,然而我更加赞美建窝筑巢的那些不辞辛苦又具有奉献精神的燕子。

19. 高楼远眺

住在十几层的高楼上,每天都能凭窗远眺,俯瞰着广袤和辽阔的世界。

黎明时分,张望着东方白茫茫的云雾中,一轮血色的太阳,从多少耸立着的高楼背后冉冉升起,觉得它离自己好近啊,还猜测着纵横交错排列成一长串队伍的高楼里,也应该有数不清的人们,同样都热情澎湃地欢呼它艳丽的光焰。比起在大平原上、浩瀚的海边,或峰峦的顶巅观望日出,心中竟有着完全不同的感受,那儿是寂寞的、孤独的、忧郁的,这儿却是热闹的、昂扬的、欢快的。

站在高楼里面,眺望左右前后的高楼,比起在马路上翘首仰视,要从容镇静和悠闲自在得多。那方方正正伸向空中的大厦,真像古代庄严的城堡,而在它旁边矗立着的多少高楼,却像挺拔的峭岩、圆圆的宝塔,漂亮的戏台,或者是启碇远航的轮船。

我曾有多少回踟蹰于北京的大街小巷,我多么喜爱仰望北京城里蓊郁和葱茏的树木。那

132

一片嫩绿的杨柳，使我想起青春的光泽，那伸向半空的榆树，和覆盖着茵茵草地的梧桐树，使我想起繁茂的人生；而一簇簇苍翠和浓密的松柏，却又使我想起沉重和坚韧的日子。可是当我在高楼上俯视大地时，簇拥在一座座大厦的周围，替它们点缀着色彩的树木，竟变得十分的细小，似乎在观赏盆景里纤巧的树枝。

在今天飞腾的年代里，高楼大厦象雨后的春笋那样，纷纷冒出了地面。这洋溢着立体感的美景，显示了北京已经成为真正的大都市。

20．海滨仲夏夜

夕阳落山不久，西方的天空，还燃烧着一片橘红色的晚霞。大海，也被这霞光染成了红色，而且比天空的景色更要壮观。因为它是活动的，每当一排排波浪涌起的时候，那映照在浪峰上的霞光，又红又亮，简直就像一片片霍霍燃烧着的火焰，闪烁着，消失了。而后面的一排，又闪烁着，滚动着，涌了过来。

天空的霞光渐渐地淡下去了，深红的颜色变成了绯红，绯红又变成浅红。最后，当这一切红光都消失了的时候，那突然显得高而远了的天空，则呈现出一片肃穆的神色。最早出现的启明星，在这蓝色的天幕上闪烁起来了。它是那么大，那么亮，整个广漠的天幕上只有它在那里放射着令人注目的光辉，活象一盏悬挂在高空的明灯。

夜色加浓，苍空中的"明灯"越来越多了。而城市各处的真的灯火也次第亮了起来，尤其是围绕在海港周围山坡上的那一片灯光，从半空倒映在乌蓝的海面上，随着波浪，晃动着，闪烁着，像一串流动着的珍珠，和那一片片密布在苍穹里的星斗互相辉映，煞是好看。

在这幽美的夜色中，我踏着软绵绵的沙滩，沿着海边，慢慢地向前走去。海水，轻轻地抚摸着细软的沙滩，发出温柔的刷刷声。晚来的海风，清新而又凉爽。我的心里，有着说不出的兴奋和愉快。

夜风轻飘飘地吹拂着，空气中飘荡着一种大海和田禾相混合的香味，柔软的沙滩上还残留着白天太阳炙晒的余温。那些在各个工作岗位上劳动了一天的人们，三三两两地来到这软绵绵的沙滩上，他们浴着凉爽的海风，望着那缀满了星星的夜空，尽情地说笑，尽情地休憩。

参 考 文 献

[1] 赵京立. 演讲与沟通实训. 北京：高等教育出版社，2010.
[2] 文正在，姚晓英. 新编口才艺术. 南京：南京大学出版社，2010.
[3] 文平，王馨. 演讲与口才. 电子科技大学出版社，2011.
[4] 苏炳琴，曹丽娟，郭军帅. 演讲与口才实训教程. 北京：中国商业出版社，2014.
[5] 颜永平，杨赛. 演讲与口才教程. 上海：华东师范大学出版社，2012.
[6] 方凤玲. 演讲与口才. 北京：北京师范大学出版社，2009.